Bradley Parker

Das Geheimnis der Menschenkenntnis

Menschen verstehen und beeinflussen

Für Fragen und Anregungen:
info@vibrantlife.de

1. Auflage 2016
ISBN-13: 978-1533681324

Vibrant Life Publishing ist ein Verlag der Vibrant Life UG
Marktplatz 6
92670 Windischeschenbach

Weitere Informationen zum Verlag finden Sie unter
www.vibrantlife.de/publishing

Inhaltsverzeichnis

1

Einleitung

Zählen Sie auch zu den Bewunderern von Erfolgsmenschen, die anscheinend:

- wie Filmschauspieler erfolgreich durch´s Leben schweben?
- vollkommen mühelos mit aller Welt sofort in Kontakt kommen?
- in geschäftlichen Angelegenheiten hochprofessionell und gleichzeitig im privaten Bereich glänzende Unterhalter sind?
- sich allseitiger Beliebtheit erfreuen und obendrein auch noch immensen Erfolg beim anderen Geschlecht haben?

Woran mag das wohl liegen? Oftmals schauen diese Leute weder sonderlich gut aus, noch sind sie übermäßig intelligent. Auch Bildung, Geld oder Kleidung scheinen eine eher untergeordnete Rolle zu spielen. Der Erfolg dieser beneidenswerten Personen gründet sich zu sehr großen Teilen auf deren Menschenkenntnis und ihrem damit verbundenen, öffentlichen Auftreten. Die gute Nachricht dabei ist, dass theoretisch jeder Mensch fähig ist, in diese Beliebtheitsregionen vorzustoßen, und zwar vollkommen unabhängig davon, ob er arm oder reich, dick oder dünn, groß oder klein ist. Also bestimmt auch Sie!

Wenn Sie dieses Buch aufmerksam lesen, erfahren Sie vieles über sich selbst und die Gedanken Ihrer Mitmenschen. Sie werden sich und Ihre Umwelt aus einer völlig neuen Perspektive betrachten, die Ihnen vielleicht bislang entgangen ist. Auch werden wir Sie mit einfachen Methoden und kleinen Übungen vertraut machen, die entscheidend dazu beitragen können, Ihre Beliebtheit zu steigern. Sie werden erfahren, wie die Menschen ticken und wie sie sich beeinflussen lassen. Damit wird es Ihnen in Zukunft wesentlich leichter fallen, neue Bekanntschaften zu schließen, Ihre bestehenden Kontakte zu intensivieren, und sogar Feinde in Freunde zu verwandeln.

2

Wie werde ich ein Menschenkenner?

Beginnen wir mal mit einer waschechten Binsenweisheit: Wenn jemand müde ausschaut, dann ist er es höchstwahrscheinlich auch. Der äußere Anschein ist also ein Spiegel der inneren Befindlichkeit. Dies klingt zugegebenermaßen ziemlich banal und dürfte Ihnen bereits bestens bekannt sein. Ganz so einfach ist es aber leider nicht, eine echte Gefühlsregung von einer aufgesetzten Pose zu unterscheiden.

Ende des 19. Jahrhunderts entstand die James-Lange-Emotionstheorie der Körperreaktionen. Diese besagt, dass sich sämtliche Emotionen auf Körperreaktionen zurückführen lassen. Wenn ich z.B. einem gefährlichen Raubtier gegenüberstehe, fängt mein Herz an zu rasen und ich bekomme Schweißausbrüche. Mein Verstand entscheidet in diesem Fall, dass die logische Konsequenz der Kombination aus körperlichen Symptomen und Außenreiz in der Gefühlsregung „Angst" besteht. Die Emotion Angst entsteht also hier erst nach der Wahrnehmung und Verarbeitung eines Außenreizes, den der Verstand in die Schublade „angstauslösend" eingeordnet hat. Es ist aber auch möglich, dass ich keine Angst verspüre, weil ich den Umgang mit Raubtieren gewohnt bin. Dann werde ich überhaupt keine Emotionen zeigen. Die dritte Reaktionsmöglichkeit besteht darin, dass dieses Erlebnis in mir positive Emotionen wie Aufregung, Begeisterung oder Faszination auslöst.

Dasselbe gilt auch bei einem absolut positiven Erlebnis wie etwa einer Lohnerhöhung. Hier gibt es Leute, die lässt so etwas völlig kalt, andere sind verärgert, weil es ihnen nicht genug erscheint und die Dritten springen an die Decke vor Begeisterung. Daher ist es nicht möglich, aus der nackten Information oder Beobachtung Schlüsse zu ziehen, man muss sie im jeweiligen Kontext betrachten, was bedeutet sämtliche relevanten Aspekte hinzuziehen. Wie dies im Einzelnen geschieht, werden Sie noch erfahren.

Im Moment genügt es, wenn Sie sich die beiden grundsätzlichen Voraussetzungen einprägen, die zum Erlangen der Menschenkenntnis unbedingt vonnöten sind:

Menschenkenner kann nur sein, wer seine Mitmenschen genau beobachtet und daraus auch die richtigen Schlüsse zieht.

Was bedeutet dies für uns? Wir müssen lernen, Menschen nicht nur nach ihrem Erscheinungsbild und ihrer aktuellen Aktion zu beurteilen, sondern danach, was sie zuvor erlebt haben und wie sie davon beeinflusst wurden. Denn das Analysieren von Menschen ist stets ein ganzheitlicher Prozess, bei dem es gilt, viele kleine und höchst unterschiedliche Signale zu erkennen, zu einem Gesamtbild zusammenzusetzen und dabei die richtigen Schlussfolgerungen zu ziehen. Menschenkenner haben diesen Gedanken tief verinnerlicht. Wie er dadurch tickt, beschreibe ich im nächsten Abschnitt.

Die zehn Charaktereigenschaften eines Menschenkenners

- Menschenkenner sind in allererster Linie sehr aufmerksam. Wie gute Kriminal-Inspektoren achten Sie auf kleinste Signale und Details und fügen diese zu einem stimmigen Gesamtbild zusammen. Bemerkt der Menschenkenner etwa, dass sein Gegenüber verstohlen auf die Uhr schaut, wird er daraus schließen, dass dieser entweder in Eile ist oder ihn das Gespräch gerade langweilt. Also wird er ihn entweder nach seinen Terminen fragen oder aber elegant das Thema wechseln.
- Menschenkenner haben ein sehr gutes Gedächtnis. Sie merken sich selbst unwichtigste Kleinigkeiten, und setzen dieses Wissen bei passender Gelegenheit ein. Bemerken sie beispielsweise beiläufig, dass sich ein guter Kollege für Wein interessiert, wird ihm zu dessen Geburtstag ein edler Tropfen geschenkt.
- Menschenkenner durchdenken sowohl ihre Aktionen als auch ihre Worte und sind grundsätzlich eher risikoscheu. Ihnen entfährt äußerst selten eine unüberlegte Äußerung. Daher liegen sie auch weitaus seltener falsch als „normale" Leute und fallen dadurch auch weniger oft unangenehm auf.
- Menschenkenner lernen aus ihren Fehlern und begehen sie kein zweites Mal. So werden sie beispielsweise nur in absoluten Ausnahmefällen jemanden erneut einladen, wenn sie diese Person bereits zuvor

ohne schlüssige Begründung versetzt hat. Einen „Korb“ holen sie sich mit Sicherheit nur höchst selten.

- Menschenkenner sind stets Menschenfreunde und daher grundsätzlich eher optimistisch und positiv eingestellt. Sie sind nicht so leicht beleidigt, denn menschliche Schwächen sind ihnen ebenso bewusst wie die Erkenntnis, dass dies auch für sie selber gilt.
- Menschenkenner sind sehr gute Zuhörer. Dadurch besitzen sie die Fähigkeit, zwischen den Zeilen zu lesen und selbst Ungesagtes wahrzunehmen. Wie genau sie das machen, werden Sie übrigens später noch erfahren.
- Menschenkenner scannen ihre gesamte Umgebung stets nach eventuellen Störfaktoren. Sie erfassen auch mögliche Bedrohungen schnell und reagieren angemessen darauf. Bevor der Menschenkenner zum Beispiel seiner Angebeteten in einem Restaurant eine Liebeserklärung macht, durchforscht er sein näheres Umfeld nach eventuellen Störquellen. Dies könnte etwa eine Blaskapelle sein, die auf der Straße gleich einen zünftigen Marsch anstimmt oder ein Bekannter, der zufällig das Restaurant betritt und gleich an den Tisch tritt.
- Menschenkenner wissen nicht nur über ihre Mitmenschen, sondern auch über sich selbst Bescheid. Sie sind sich ihrer eigenen Schwächen bewusst und finden auch nichts dabei, anderen davon zu erzählen. Dadurch wirken sie sympathisch und menschlich.

Damit sind aber keinesfalls selbstverliebte Egomanen gemeint, welche sogar auf ihre Charakterschwächen stolz sind. Prahlereien im Stil von: „ich bin halt eine Zicke“ oder „mit mir sollte sich besser keiner anlegen“, kämen einem guten Menschenkenner niemals über die Lippen. Denn wie gesagt, weiß er, dass Schwächen menschlich und kaum zu vermeiden sind. Vor allem aber weiß er, dass es von peinlicher Selbstverliebtheit zeugt, darauf auch noch stolz zu sein, statt zu versuchen, sich zu verbessern.

- Menschenkenner nehmen ihre Mitmenschen ernst und verhalten sich ihnen gegenüber grundsätzlich positiv. Sie legen weniger Wert auf oberflächliche Beziehungen. Stattdessen versuchen sie, allen Personen Verständnis entgegen zu bringen, um deren Absichten und Taten besser zu verstehen.
- Menschenkenner sehen sich durchaus kritisch und stellen sich auch mal in Frage. Aus dieser Fähigkeit zur Selbstkritik beziehen sie erstaunlicherweise ihr Selbstvertrauen. Denn wer so stark ist, seine eigenen Unzulänglichkeiten zu akzeptieren, ist erst recht stark genug, sich selbstbewusst seiner Umwelt zu stellen. Er weiß, dass wirklich alle Menschen dieser Erde letztlich nur mit Wasser kochen und jeder sein Päckchen mit sich herumschleppt.

Kurz und bündig: Wie denkt ein Menschenkenner?

Der Menschenkenner spürt nicht nur, wenn sein Gegenüber Hemmungen hat, über ein bestimmtes Thema zu sprechen. Er kann auch sehr gut einschätzen, ob dieser nur ein wenig Ermunterung braucht, oder dieses Thema wirklich für ihn tabu ist. Um dies herauszubekommen, nimmt der Menschenkenner zahlreiche verbale und körperliche Hinweise geradezu instinktiv wahr. Diese Wahrnehmung beginnt schon beim Erfassen kleinster Details und Alltagsphrasen, die Sie sich ganz bewusst machen sollten. Wenn Ihr Gegenüber beispielsweise einen Satz mit den Worten beginnt: „Ich weiß ja nicht, ob Dich das interessiert, aber...", oder „Das ist jetzt überhaupt nicht wichtig, aber..." dann sagt uns das zunächst dreierlei:

1. Er beschäftigt sich gedanklich mit einem ganz konkreten Thema, das noch nicht zwischen Ihnen besprochen wurde
2. Er ist sich nicht sicher, ob Sie sich für dieses Thema überhaupt interessieren
3. Er will vielleicht nur über irgendetwas Anderes sprechen, da ihn das aktuelle Gesprächsthema langweilt

Die Einschränkung „ich weiß ja nicht, ob Dich das interessiert..." ist dabei rein rhetorisch, denn nur sehr unhöfliche oder unaufmerksame Personen würden dies verneinen. Eigentlich soll diese indirekte Frage sogar das genaue Gegenteil bewirken, denn dahinter steckt die Moralkeule: „wenn Du wirklich mein Freund bist, dann hat Dich das zu interessieren".

3

Von der Kunst, tolle Gespräche zu führen

Bei allen Gesprächen, insbesondere solche die Sie mit Freunden, Kollegen oder neuen Bekanntschaften führen, sollten Sie folgende, goldene Grundregel stets beachten: Je persönlicher die Themen sind, welche besprochen werden, desto authentischer und nachhaltiger ist das Gespräch. Je allgemeiner das Thema dagegen, desto oberflächlicher verläuft Ihre Unterhaltung und desto schneller werden Sie auch wieder vergessen.

Wie Sie mit neuen Bekannten kommunizieren

Eine der schwierigsten Aufgaben ist es, Kontakt mit wildfremden Personen aufzunehmen. Die meisten Leute haben einen engen Terminkalender und wenig Freizeit. Sie überlegen daher sehr gut, in wen sie ihre wenigen freien Stunden investieren. Dies betrifft insbesondere die Kontaktanbahnung. Es bleibt einfach nicht genug Zeit, jemanden richtig kennenzulernen oder bei der anderen Person wirkliches Interesse an einem selber zu wecken. Umso neidischer schauen wir auf all die Glücklichen, denen dies scheinbar vollkommen mühelos gelingt. In der Natur des Menschen liegt es, sich bereits nach etwa 60 Sekunden ein Bild von seinem Gegenüber zu machen und all seine künftigen Worte und Taten in dieses erste Bild einzuordnen. Wenn also der erste Eindruck ein negativer war, ist es nicht so leicht, diesen in einen positiven zu verwandeln. Denn dadurch rücken auch gut gemeinte Aktionen in ein schräges Licht. Wenn beispielsweise ein Mann einer Frau, die er soeben erst kennengelernt hat, Blumen zuschickt, könnte folgendes geschehen:

- hat der Mann bei seinem ersten Kontakt einen positiven Eindruck hinterlassen, wird sich die Frau über die Blumen freuen und der Mann hat bei ihr weitere Pluspunkte eingeheimst

- hat der Mann aber einen negativen Eindruck hinterlassen, wird die Frau über die Blumen entsetzt sein und ihn vielleicht für einen Psychopathen oder Stalker halten. Seine Sympathiewerte werden bei ihr in´s Bodenlose fallen – oder sie ruft gleich die Polizei

Exakt dieselbe Aktion führt also zu einem vollkommen unterschiedlichen Ergebnis, und das nur, weil der Mann bei der ersten Kontaktanbahnung einen schlechten Eindruck hinterlassen hat. So funktioniert im Grunde genommen jede neue oder auch bereits bestehende, berufliche oder private Beziehung. Genau die gleiche Aktion kann, je nach der Situation oder ihrem momentane Ansehen sowohl vom Erfolg gekrönt sein, oder aber voll nach hinten losgehen. Um Letzteres zu vermeiden, sollte also der Ersteindruck stimmen und dafür müssen Sie vor allem beim ersten Kontakt die richtigen Signale aussenden. Diese hängen hauptsächlich von Ihrer Grundeinstellung und momentanen Stimmung ab. Wenn Sie Angst vor ungewohnten Situationen und neuen Leuten haben, stehen die Aussichten eher schlecht. Denn Die Leute geben Ihnen letztlich immer nur Ihre eigene Einstellung wieder zurück. Wenn Sie also eine positive und freudige Erwartungshaltung an den Tag legen, werden Sie mit ziemlich hoher Wahrscheinlichkeit ein eher angenehmes Gespräch führen.

Wenn Sie neue Leute kennenlernen und dabei einen positiven Eindruck hinterlassen wollen, sollten Sie stets diese Fragen im Hinterkopf behalten:

Wie denken diese Leute wohl?
Was könnte ich von ihnen lernen?
Was haben wir gemeinsam?
Worin sind sie besonders gut?

Versuchen Sie, diese Personen so gut wie möglich kennenzulernen und dabei vor allem, deren positive Emotionen aufzuspüren und sich darauf einzustellen. Mit anderen Worten: nehmen Sie sich zurück und lassen Sie die ganze Atmosphäre erst mal auf sich wirken. Dabei sollten Sie keine vorschnellen Urteile fällen, allerdings auch nichts erzwingen. Wenn Sie zu der wohlerwogenen Erkenntnis gelangen, dass Ihnen diese Leute weder privat noch beruflich das Geringste bringen, ist es Zeit, den Schauplatz zu verlassen und sich woanders nach neuen Kontakten umzuschauen.

Schlechte Angewohnheiten, die Sie vermeiden sollten

Wenn Sie mit einem bestimmten Ziel oder ganz konkreten Erwartungen beispielsweise zu einer Party oder einem Date gehen, ist das schon mal schlecht. Denn die Dinge entwickeln sich meistens anders als vorausgeplant. Die Folge davon ist, dass Sie sich weiterhin an Ihre Erwartungshaltung klammern, wo eigentlich Flexibilität gefragt wäre. Sie verpassen also mit einer allzu starren Voreingenommenheit eventuell nicht nur Ihr selbstgestecktes Ziel, sondern auch manch unverhoffte Gelegenheit. Außerdem merkt man es Leuten an, wenn diese allzu penetrant versuchen, irgendeine Absicht auf Biegen und Brechen durchzusetzen. Sie wirken dann auf andere wie aufdringliche Vertreter, von denen sich aus gutem Grund alle am liebsten fernhalten. Das grundsätzliche Problem dabei ist, dass ein energisches und zielorientiertes Auftreten im Beruf gerne gesehen wird und dort oftmals unvermeidbar ist. Für den Privatbereich sowie insbesondere bei der ersten Kontaktaufnahme gilt jedoch Gegenteiliges. Schnell wird man als ignoranter Egoist abgestempelt, dem nur an der rücksichtslosen Durchsetzung seiner eigenen Interessen gelegen ist. Soweit dürfen Sie es nicht kommen lassen.

Ein weiterer gesellschaftlicher Faux pas ist offen gezeigtes Desinteresse an einzelnen Personen. Selbst wenn Ihnen an einer Person nicht das Geringste liegt, sollten Sie es sich nicht anmerken lassen. Wenn Sie dabei von anderen Leuten beobachtet werden, ziehen diese entsprechende Schlüsse über Ihr Verhalten. Außerdem werden Gesprächspartner, die von Ihnen brüskiert wurden, eventuell Stimmung gegen Sie machen. Um all dies zu vermeiden, sollten Sie daher unangenehme Gesprächspartner so elegant und unauffällig wie möglich an andere Personen weiterschieben.

So wird der Erstkontakt zum Erfolg

Eigentlich ist dies gar nicht so schwierig, wenn Sie stets die wichtigste Grundregel befolgen:

Schenken Sie Ihrem Gegenüber Ihre ungeteilte Aufmerksamkeit

Und damit meine ich wirklich ungeteilt. Schauen Sie ihm in die Augen, während Sie reden, hören Sie aufmerksam zu, senden Sie positive Körpersignale aus und zeigen Sie ganz einfach Interesse. Bedenken Sie dabei auch, dass gute Kommunikation stets eine sehr stimmige Mixtur aus Zuhören und auf das Gegenüber eingehen ist. Einen endlosen Monolog will niemand hören und schon gar nicht, wenn jemand nur über sich selber spricht. Interesse zeigen bedeutet also nicht, jemanden zuzutexten, sondern ihm auch zuzuhören.

Erst wenn dadurch kein flüssiges Gespräch entsteht und sich peinliche Gesprächspausen ergeben, sollten Sie die Initiative ergreifen. Dies aber auch nicht in Form eines Monologs. Versuchen Sie stattdessen einen Dialog in Gang zu bringen. Beispielsweise können Sie auch Fragen stellen. Dabei sollten Sie aber behutsam vorgehen und versuchen zu erspüren, an welchen Themen Ihr Gegenüber wirkliches Interesse zeigt.

Manchmal habe ich auch den Eindruck, ich würde mein Gegenüber einschüchtern. In diesem Fall erzähle ich meistens irgendeine kleine Anekdote über mich, bei der ich nicht allzu gut abschneide. Oder aber ich berichte von einem kleinen Problem, das mich gerade beschäftigt und bei dem ich einen Rat gut gebrauchen könnte. Natürlich besitzt dieses Problem irgendeinen Bezug zu meinem Gesprächspartner. Wenn er beispielsweise Automechaniker ist, frage ich ihn nach einem Autoproblem.

Zur Veranschaulichung erzähle ich mal kurz vom ersten Gespräch, welches ich hochnervös mit meiner Schwiegermutter führte. Wir saßen schon eine halbe Stunde an ihrem Kaffeetisch schweigend zusammen. Ich fühlte mich sehr unwohl und unter Beobachtung stehend. Auch wirkte sie irgendwie verbittert. „Sie mag mich halt nicht“ – dachte ich sofort. Auf jeden Fall schwiegen wir uns nach ein paar belanglosen Bemerkungen über das Wetter, den Kuchen und die vielen Kalorien nur noch an. Ich dachte derweil bloß „Hilfe – Erdboden, bitte tu Dich auf und verschluck mich“. Dann fiel mir auf, dass sie manchmal, während sie Kuchen aß, das Gesicht irgendwie verzog. Zwar war das etwas unhöflich, ich dachte aber, ich hab eh schon verloren, dann frag ich sie einfach danach. Und - oh Wunder - es stellte sich heraus, dass sie schon den ganzen Tag heftige Zahnschmerzen hatte. Sie konnte aber nicht zum Zahnarzt gehen, weil sie mich ja eingeladen hatte und sie nicht unhöflich erscheinen wollte. Sie ist nämlich eine sehr schüchterne und liebe Person, wie ich später herausfand. Auf jeden Fall hatten wir unser Thema gefunden: nach einem zünftigen, gemeinsamen Ablästern über die sadistischen Praktiken gewisser Zahnklempner habe ich sie sofort zum Zahnarzt ihres Vertrauens gefahren. Seitdem kommen wir blendend miteinander aus und lachen auch manchmal über unsere erste Begegnung.

Um bei schwierigen Erstgesprächen einen Kontakt aufzubauen, kommt es also darauf an, erst mal ein Thema zu finden, welches beide interessiert, aber nicht allzu persönlich ist. In allerhöchster Not muss dafür halt auch mal das Wetter herhalten. Über derartige Themen, so banal sie auch sein mögen, lässt sich unbeschwert plaudern. Aber bitte nur so lange, bis sich ein spannenderes und weniger banales Thema findet. Anderenfalls könnten Sie nämlich als entsetzlicher Langweiler eingestuft werden.

Einfach nur „Hallo“ sagen

Jede, aber auch wirklich jede Äußerung, die Sie von sich geben, ist für andere Menschen von Bedeutung. Dies fängt schon bei der Begrüßung an. Wenn Sie beispielsweise zu einer Ihnen noch unbekannten Person nur „Hallo“ sagen, haben Sie bereits eine umfangreiche Botschaft abgesandt. Diese besteht nicht nur daraus, WAS Sie sagen („Hallo“), sondern vor allem WIE Sie es sagen. Das Wort „Hallo“ kann auf völlig unterschiedliche Art wahrgenommen werden. Wenn Sie es in einem sehr ruhigen, nüchternen Tonfall sagen, bekommen Sie als Antwort wahrscheinlich ebenfalls ein geschäftsmäßiges „Hallo“ zurück. Aber wenn Ihr „Hallo“ dank Ihres fröhlich-aufgeregten Tonfalls vor Freude geradezu vibriert, freuen sich die Adressaten und werden oftmals ebenfalls überschwänglich zurückgrüßen. Dies klappt aber nicht immer, denn es gibt natürlich auch Personen, die von Natur aus eher introvertiert oder gefühlskalt sind oder denen gerade nicht nach Frohsinn zu Mute ist. Also können Sie bereits aus der Antwort auf Ihr simples „Hallo“ Schlussfolgerungen über die Persönlichkeit und die Laune Ihrer Mitmenschen ziehen, selbst wenn Sie diese noch überhaupt nicht kennen sollten. Dies gilt sogar für ein erstes Date mit einer Flirtline-Bekanntschaft. Wenn auf Ihr fröhliches Hallo eine ebenso fröhliche Antwort folgt, ist es vielleicht höchste Zeit für die ersten Flirtversuche. Erhalten Sie dagegen eine eher deprimierende Antwort, sollten Sie auf „seriöser Zuhörer“ umschalten und behutsam nach dem Grund fragen.

Und bevor ich es vergesse: Nichts ist abtörnender, als das Rumspielen oder Telefonieren mit dem Smartphone, während der Unterhaltung. Dies symbolisiert Ihrem Gegenüber, dass dieses Gerät Ihnen weitaus wichtiger ist als alles, was er zu sagen hat. Ich betrachte dies als Geringschätzung meiner Person, und Sie sollten dies ebenfalls so sehen und Ihrem Gesprächspartner, falls erforderlich, deutlich machen.

Unverständliche Stimmen – und was sich dagegen tun lässt

Was oft und gerne bei der Kommunikation vernachlässigt wird, ist die Stimme. Es klingt banal, aber sehr viele Leute sind schlicht zu faul, klar zu sprechen. Sie nuscheln, lispeln, verschlucken ganze Silben oder haben – wofür sie überhaupt nichts können – beim Sprechen eine für das Ohr unangenehme Tonhöhe. Dies ist umso betrüblicher, da sich ja aus dem Klang einer Stimme manchmal mehr heraushören lässt, als mit den gesagten Worten selbst. So kam es übrigens auch zum Begriff „Augenschein", der ja bekanntlich oftmals trügt. Mein Fremdschämeffekt ist jedenfalls sehr hoch, wenn ich Leute im Fernsehen sehe, die eigentlich Hochdeutsch sprechen aber dennoch kaum zu verstehen sind und daher untertitelt wurden.

Ob Sie selber verständlich sprechen, lässt sich relativ leicht nachprüfen. Aber fragen Sie nicht Freunde, denn die sind ja Ihre Stimme gewohnt und werden jederzeit im Brustton der Überzeugung sagen, dass Sie akustisch sehr gut zu verstehen sind. Dies bezeichne ich immer als DSDS-Effekt. Wenn sich dort vollkommen talentfreie Möchtegern-SängerInnen ihre wohlverdiente Abreibung von der Jury abholen, entgegnen sie oft vollkommen verblüfft:

> *„Das kann nicht sein, meine gesamte Familie und alle meine Freunde sagen, dass ich besser singe als Adele"*

Entfernte Bekannte oder vollkommen Fremde können da also schon ein weitaus objektiveres Urteil abgeben. Falls Ihnen das aber zu peinlich sein sollte, gäbe es noch eine Möglichkeit. Sicher besitzen Sie selbst oder wenigstens einer Ihrer Freunde ein sprachgesteuertes Tablet oder Smartphone. Wenn selbst dieses erhebliche Probleme haben sollte, Sie zu verstehen, ist es höchste Zeit tätig zu werden. Es gibt heutzutage „Stimm-Jogging" genannte Sprechkurse, in denen Omnivoxtrainer Ihre Stimme mit verschiedensten Sprachübungen in Form bringen. Dies klappt auch erstaunlich gut und wäre gegebenenfalls eine Überlegung wert. Denn was nützen die allerschönsten Ansprachen, wenn sie durch einen unpassenden Tonfall lächerlich wirken oder niemand sie verstehen kann?

Etwas anderes sind allerdings die Dialekte, die zugegebenermaßen von bestimmten Leuten als unangenehm empfunden werden. Auf die sollten Sie allerdings nicht hören, sondern stolz zu Ihrer Mundart stehen, sofern Sie nicht psychisch darunter leiden oder es beruflich unbedingt erforderlich ist. Denn auch Ihr Dialekt ist ein wichtiger Teil Ihrer Persönlichkeit. Alle Leute, mit denen Sie beruflich oder privat zu tun haben, sollten dies begreifen. So zu denken ist ein wichtiger Teil Ihres Selbstbewusstseins, welches Sie benötigen, um bei anderen Personen zu punkten.

Dauergrinsen unerwünscht

Achten Sie stets auf die nonverbalen Signale, welche Sie aussenden, während Sie reden. Dies ist sehr wichtig. Ihr Gesichtsausdruck muss immer zu dem passen, was Sie gerade sagen. Es gibt viele Profiredner, Politiker oder TV-Moderatoren, die ein ständiges Grinsen im Gesicht haben und scheinbar rund um die Uhr fröhlich, fit und positiv gestimmt sind. Natürlich freut sich jeder über positive Energien und ein freundliches Gesicht, aber manchmal kann das auch unglaublich nerven. Auf diese Clownmasken fällt sowieso niemand auf Dauer rein. Stattdessen fragt man sich nach einer gewissen Zeit, wann die Gute-Laune-Nervensäge endlich mal einen Gang zurückschaltet. Wenn Sie stets mit einem

Grinsen durch die Gegend laufen, wird dieses bestenfalls von allen ignoriert. Grund dafür ist, dass die Menschen als individuelle Persönlichkeiten behandelt werden wollen. Mit Ihrem ständig angeschalteten Dauerlächeln behandeln Sie letztlich alle gleich. Gleich schlecht allerdings, denn Sie wirken auf Ihre Umwelt wie ein seelenloser Roboter, der unbeeindruckt von allem und jedem grinsend durch die Gegend spaziert und ständig einen auf blendende Laune macht. Es ist zwar anstrengender, aber geben Sie sich Mühe Ihre Mitmenschen als Individuen zu begreifen. Jede Beziehung, selbst die zu einer sehr flüchtigen Bekanntschaft, ist in gewisser Weise einzigartig und verdient eine einzigartige Behandlung. Es lässt sich auf eine sehr einfache Grundregel herunterbrechen:

Wollen Sie, dass sich bestimmte Personen für Sie interessieren? Dann müssen Sie sich auch für diese Personen interessieren. Und zwar für jeden einzelnen.

Dies ist natürlich leichter gesagt als getan. Denn wenn man neue Leute kennen lernen möchte, tut man dies nicht zuletzt auch, weil man jemanden benötigt, dem man all das erzählen kann, was sich in letzter Zeit so angehäuft hat. Dies ist zwar verständlich, aber vielleicht geht es ja der Person, die Sie besser kennen lernen wollen, genauso. Dauergrinser behandeln alle Personen gleich, für Menschenkenner dagegen ist jeder Mensch ein Individuum mit einzigartigen Charaktereigenschaften. Wollen Sie vielleicht jemanden kontaktieren, der nur an sich selbst denkt und Sie als Bestandteil einer amorphen Masse wahrnimmt? Eben!

Von allgemeinen und persönlichen Gesprächsthemen

Wenn Ihnen an gehaltvollen Gesprächen gelegen ist, die Ihnen etwas bringen, sollten Sie Dinge, welche Sie eigentlich gar nicht betreffen, eher ausklammern. Dazu ein kleines Beispiel aus meinem Leben: Mein ehemals bester Freund war mal für mich wie ein Bruder. Aber aus beruflichen Gründen hatte ich lange Zeit nur noch telefonischen Kontakt zu ihm, was zu einer gewissen Entfremdung führte. Wenn wir mal eines unserer seltenen Gespräche führten, ging es ihm ausschließlich um sehr allgemeine Dinge, die ihn eigentlich gar nicht persönlich betrafen. In stundenlangen Monologen nötigte er mir seine Meinung über Probleme wie Politiker, globale Probleme wie etwa Klimawandel, Nato, Umweltschutz oder auch irgendwelche Filme auf. Wie es ihm selbst privat ging, darüber wollte er einfach nicht sprechen. Ich kannte zwar seine Einstellung über die Tücken der Lebensmittelhygiene, nicht aber, wovon er eigentlich lebte und was er den ganzen Tag so trieb. Genauso wenig war er an mir interessiert. Es schien mir, als wenn er nur einen Zuhörer benötigte, dem er endlich all seine Ansichten unterbreiten konnte. Zeitweilig graute mir schon davor, wenn er am Apparat war. Bis ich endlich eine Methode fand, unsere Gespräche in interessantere Bahnen zu lenken. Ich verstand irgendwann, dass besagter Freund mit mir nicht diskutieren, sondern mir nur etwas erzählen wollte, da ihm ja sonst keiner zuhörte. Von mir erwartete er, dass ich ihm zustimmte und seinem Wissen sowie seiner hohen Intelligenz Respekt zollte. Das war für mich mäßig spannend, denn viel mehr interessierten mich Dinge, die einen ganz konkreten und unmittelbaren Bezug zu ihm hatten. Ich musste also versuchen, ihn dazu zu bringen, mehr von sich selbst zu erzählen, als mit allgemeinen Themen davon abzulenken.

Gespräche in gewünschte Bahnen lenken

Nachdem ich zu dieser Erkenntnis gelangt war, entwickelte ich eine Taktik, die darin bestand, ihn zunächst für all seine Gedankengänge intensiv zu loben. Erst danach war er etwas offener für andere Themen, die mich persönlich weit mehr interessierten.

Ich: „Hallihallo, ich bin´s. Na, wie läuft´s?

Er: „Naja, reden wir nicht darüber. Hast Du auch gelesen, dass die weltweiten Ölvorräte in 30 bis 50 Jahren erschöpft sein werden? Macht sich eigentlich irgendjemand in dieser Welt Gedanken darüber, wie die Weltwirtschaft dann noch funktionieren soll?“

Ich: „Ja, davon hab ich auch schon läuten gehört. Du bist echt sehr gut informiert, denn die meisten Leute sind vollkommen ignorant und denken sich „Nach mir die Sintflut“. Schließlich betrifft dies nicht nur uns alle, sondern auch unsere Erben. Willst Du Dir deswegen ein kleineres Auto kaufen? Mit dem könnten wir doch mal nach Berlin fahren, ich kenne da einen Club...“

Er: „Ja stimmt, das alte hat einfach zu viel Benzin gebraucht. Deshalb kauf ich mir jetzt ein kleineres. Aber bis Berlin werden wir damit bestimmt geschlagene sechs Stunden brauchen. Wo sollen wir denn da übernachten?“

Gehen wir den Verlauf des Gesprächs jetzt mal durch. Er hat meine persönlichen Frage „Wie läuft´s bei Dir?“ sofort abgeblockt und ist auf das allgemeine Thema Ölkrise umgeschwenkt. Er hat dieses Thema sofort vertieft, um mir keine Gelegenheit zu geben, nochmals nachzuhaken. Ich versuchte daraufhin, mein Ziel auf Umwegen zu erreichen, und zwar mit folgender Taktik: Zunächst schmeichle ich mal seiner Eitelkeit, und zwar gleich dreifach:

1. Lob für sein Wissen: „Du bist wirklich gut informiert...“ Damit teile ich ihm mit, dass er ein aufgeweckter, selbstloser Kerl ist. Denn schließlich macht er sich nur der Menschheit zuliebe völlig uneigennützige Gedanken.
2. Lob für seine Intelligenz: „Die meisten Leute sind ignorant...“. Damit suggeriere ich ihm, dass gerade er

eben nicht zu diesen ignoranten Leuten zählt, denn er macht sich ja tiefschürfende Gedanken.

3. Lob für seine Themenwahl: „Davon hab ich auch schon gehört“ signalisiert, dass dieses Thema für mich eine gewisse Bedeutung besitzt. Allerdings eine nicht allzu hohe, daher verdient sein diesbezügliches Wissen umso höheren Respekt.

Nachdem also seine Eitelkeit von mir derart umgarnt wurde, konnte ich das Thema unverdächtig beenden, ohne ihn vor den Kopf zu stoßen. Als Übergang brachte ich das Auto in´s Spiel. Dies funktionierte aus zwei Gründen:

1. Autos fahren bekanntlich mit Ölprodukten, wenn also das weltweite Öl versiegt, sind Autofahrer davon direkt betroffen.
2. Indem ich seinen geplanten Autokauf anspreche, schlage ich die Brücke zwischen der Ölkrise und einer Angelegenheit aus seinem persönlichen Lebensbereich.

Dies ist auch eine weitere Schmeichelei seines Egos, aber diesmal eine unterbewusst wirkende. Denn das Aufbringen des Themas Ölknappheit musste er ja erst mal vor sich selbst rechtfertigen. Indem ich das Öl mit seinem geplanten Autokauf in Bezug setze, kann er vor sich selber rechtfertigen, warum ihn die Ölkrise mehr interessiert als sein geplanter Autokauf. Insgesamt darf er sich also mehrfach bestätigt fühlen. Der Aufwand der Informationsgewinnung zum Thema Ölkrise hat sich also für ihn gelohnt. Daher kann er es auch abhaken und ist aufnahmebereit für ein anderes Thema. Nach diesem Prinzip können Sie Gespräche in praktisch jede von Ihnen gewünschte Richtung lenken, insbesondere wenn Ihr Gesprächspartner allzu lange auf einem langweiligen Thema herumreitet: Zunächst wird er gelobt und das Thema damit abgeschlossen. Noch im selben Atemzug sollten Sie nun das Thema wechseln, ohne dass es ihm auffällt oder er beleidigt ist. Das klingt jetzt alles sehr einfach und natürlich klappt dies nicht auf Anhieb, es braucht schon etwas Übung. Bei meinem besagten Freund musste ich diese Taktik unzählige Male anwenden und variieren. Immer wieder kam er auf allgemeine Themen zurück. Aber nach und nach ist es mir damit doch gelungen, ihn ganz langsam aus seinem Schneckenhaus hervorzulocken. Inzwischen reden wir vornehmlich über persönliche Dinge, denn dafür sollte ein Freund auch da sein. Und wenn wir mal sehr heiterer Stimmung sind, kann ich mich sogar über sein ehemaliges Verhalten lustig machen.

Er: „Gestern hätte ich fast einen Unfall gebaut, weil ich einen Autofahrer übersehen hatte, der von rechts kam"

Ich (mit erhobenem Zeigefinger und im Oberstudienrats-Tonfall): „Ja diese Vorfahrtsregeln, immer nur „rechts vor links" – ebenso langweilig wie diskriminierend. Statt ständig nur „rechts vor links“ sollten unsere Gleichstellungsbeauftragten auch mal „links vor rechts“ erlauben. Es wäre längst überfällig, eine entsprechende Online-Petition anzuleiern.“

Dann liegen wir unter dem Tisch vor Lachen - und was kann der Mensch schon mehr erwarten? Dass wir uns aber richtig verstehen: natürlich erleichtert ein interessantes, Thema allgemeiner Art die erste Kontaktaufnahme ungemein. Hier wäre es fast immer unangebracht, allzu persönliche Dinge anzusprechen. Aber wenn sich diese Gespräche auch mit neuen Bekanntschaften nicht irgendwann persönlicheren Dingen zuwenden, kann diese neue Beziehung nicht vertieft und auf Dauer auch nicht aufrechterhalten werden.

Als Faustregel können Sie sich also merken: Alle Dinge, über die Sie sich im Internet oder Fernsehen informieren können, sind sehr hilfreich bei der ersten Kontaktaufnahme. Sie sind aber nur von begrenztem Nutzen, wenn es um die Vertiefung oder die Aufrechterhaltung einer Beziehung geht.

4

Der wichtigste Mensch ist immer der, mit dem Sie gerade reden

Wenn ich jemanden kennenlerne, dann achte ich nach dem optischen Ersteindruck kaum noch auf Äußerlichkeiten wie Aussehen, Kleidung oder Frisur, sondern auf seine physische und geistige Präsenz. Wie schnell und ausführlich spricht und antwortet mein Gegenüber? Wie ist dabei sein Gesichtsausdruck, wie ist seine körperliche Haltung? Danach stelle ich ein paar unverfängliche Fragen, wie etwa was er die letzten Tage so gemacht hat, und schaue, wo er einhakt, womit er sich zur Zeit näher beschäftigt. Dabei geht es weniger um den eigentlichen Inhalt der Fragen, vielmehr bekomme ich auf diese

Weise wichtige Hinweise über seinen derzeitigen Gemütszustand. Bewährt haben sich insbesondere Nachfragen, was er während des Tages so gemacht hat und wie wichtig dies für ihn war. Denn Sie sollten immer daran denken, dass unsere aktuelle Gemütsverfassung vor allem von den kürzer zurückliegenden Ereignissen geprägt ist. Je mehr Zeit seitdem verstrichen ist, desto wichtiger muss besagtes Ereignis gewesen sein, um noch Einfluss auf seine momentane Laune zu haben. Die vielleicht gängigste und simpelste Einstiegsfrage lautet: „Wie geht´s?“ Nicht die Wörter, sondern alleine die Art der Antwort liefert einen wichtigen, ersten Hinweis auf die aktuelle Befindlichkeit Ihres Gesprächspartners. Antwortet er eher zögerlich, so ist dies ein deutlicher Hinweis darauf, dass etwas nicht stimmt, er sich aber davor scheut, ausführlicher zu werden. Sei es, weil er Sie nicht mit seinen Problemen belasten will, weil er Sie nicht gut genug kennt, um intime Gedanken preiszugeben, oder weil er ganz einfach Angst vor Ihrer Reaktion hat. Wahrscheinlich geht ihm dabei einer der nachfolgenden Gedanken durch den Kopf:

- interessiert ihn das überhaupt?
- was geht ihn das an?
- wenn ich was sage, überhäuft er mich dann mit vorwurfsvollen Ratschlägen?
- hat der Arme nicht gerade selbst noch viel größere Probleme?
- hat er überhaupt Zeit mir zuzuhören?
- mir ist es zu peinlich darüber zu sprechen

Wie verhalte ich mich gegenüber schlecht gelaunten Gesprächspartnern?

Wenn Sie also erst mal herausgefunden haben, welche Stimmung Ihr Gesprächspartner gerade hat, und diese ausgezeichnet ist, läuft alles wie von selbst. Sollte sie dagegen getrübt sein, dann versuchen Sie Ihr bestes, dies zu ändern. Ermutigen Sie ihn gezielt oder senden Sie allgemeine, positive Signale aus, um seine Laune zu verbessern. Art und Umfang dieser positiven Signale hängen von Ihren persönlichen Fähigkeiten, Ihrer Kreativität, Ihrer Vorstellungskraft sowie vom Charakter des Gegenübers ab. Ich habe eine Freundin, die oft depressiv gestimmt ist. Sie liebt es aber, wenn ich ihr einfach erzähle, was ich die letzten Tage so getrieben habe – insbesondere, wenn mir das eine oder andere danebengegangen ist. Sie sagt, das lenke sie nicht nur ab, sondern es beruhige sie ungemein, dass bei mir auch nicht alles eitel Sonnenschein ist. Ganz anders meine Cousine. Wenn die schlechte Laune hat, muss sie es sich von der Seele reden. Dies kann zwar schlimmstenfalls Stunden dauern, danach geht es ihr aber wieder besser. Ratschläge meinerseits sind dabei unerwünscht, Trost und Mitgefühl nimmt sie dagegen sehr gerne entgegen. Natürlich gibt es auch Personen, die gerne rumjammern, da hilft dann wirklich nur noch eine aufrüttelnde „Reiß Dich gefälligst zusammen"-Ansprache, denn unser Ziel ist ja das Vertreiben von Übellaunigkeit und nicht das Verstärken negativer Gefühle.

Wenn Sie also die negative Stimmung Ihres Gegenübers wirklich heben wollen, müssen Sie zunächst herausfinden, auf welche Methode er anspricht. Unterlassen Sie dies in solch einer angespannten Situation, könnten Ihre selbstlosen Anstrengungen böse auf Sie zurückschlagen: Gut gemeinte Ratschläge werden als Besserwisserei wahrgenommen, reines Zuhören dagegen als fehlendes Interesse. Aber denken Sie immer daran, dass sehr viele Leute nur von ihren Sorgen erzählen, damit sie selber, und nicht ihr Zuhörer auf eine Lösung kommen. Halten Sie sich im Zweifelsfall besser zurück und erteilen Sie nur dann Rat, wenn Sie explizit dazu aufgefordert werden oder Sie das starke Gefühl haben, Ihr Gegenüber will auch wirklich einen hören. Denken Sie stets daran: Ziel solcher Gespräche muss sein, die Stimmung Ihres Gegenübers zu steigern. Mit welchen Mitteln dies geschieht, ob durch bloßes Zuhören, Ablenken, oder Einmischen hängt von der jeweiligen Situation und dem Charakter Ihres Gegenübers ab. Bauen Sie ihn auf, mit welchen Methoden auch immer. Je besser Ihnen dies gelingt, desto positiver wird seine Einstellung Ihnen gegenüber sein und desto besser wird seine Stimmung werden. Denn wer gemocht werden will, muss auch mögen können. Und gemocht werden bedeutet ganz einfach, dass Sie gerne gesehen werden und die Leute es lieben, Sie um sich zu haben. Denn mit Ihnen assoziieren sie unterbewusst positive Erinnerungen, wie etwa Ihr einfühlsames Verhalten. Dazu befähigt zu sein, selbst diese kleinsten Gefühlsregungen wahrzunehmen, zeichnet den Menschenkenner aus. Wenn Sie diesen Ratschlag beherzigen, haben Sie schon einen guten Schritt in Richtung Menschenkenntnis getan. Es wird Ihnen weitaus leichter fallen, intensive Beziehungen und damit tiefe Freundschaften von großer Tragfähigkeit zu begründen. Viele Leute werden Ihnen geradezu hellseherische Fähigkeiten zuschreiben, während Sie doch in Wahrheit nur ein guter Beobachter sind.

Wie verhalte ich mich gegenüber schüchternen Gesprächspartnern

Schüchterne Personen müssen Sie im Gespräch sehr behutsam ermutigen und aufbauen. Sie sollten diesen Personen stets das Gefühl geben, dass Sie selber - wie überhaupt alle Menschen – ebenfalls über viele Schwächen verfügen. Machen Sie also ruhig ein paar diesbezügliche Bemerkungen, gerne auch über sich selber. Eine Freundin von mir leidet beispielsweise sehr darunter, dass sie anscheinend in Hosen „so richtig hässlich aussieht". Also gehe ich mit ihr manchmal spazieren und lästere unterwegs kräftig über all die hässlichen Leute ab, die uns so begegnen. Ich weiß natürlich, dass dies nun auch nicht sehr schön von mir ist - abgesehen davon, dass ich nun wirklich kein Adonis bin. Aber genug davon, ich schweife ab. Jedenfalls heiligt der Zweck die Mittel, die anderen Leute hören mich nicht und meine Freundin baut es auf. Überzeugen Sie also schüchterne Leute davon, dass sie auch nicht dümmer, tollpatschiger, hässlicher oder was auch immer sind als andere Leute. Es kann in solchen Fällen nicht schaden, ab und an kleine Spitzen einzustreuen, mit denen Sie sich selber in ein ungünstiges Licht rücken, wie beispielsweise „Ich bin ja auch nicht gerade der Klügste…“, „Seufz, diese Hose hat mir auch mal gepasst...“ o-der „Du verstehst/kannst das ja sowieso viel besser als ich…“ und Sie fördern Ihre Freundschaft ungemein.

Wie verhalte ich mich gegenüber dominanten Gesprächspartnern

Bei redefreudigen, selbstbewussten Gesprächspartnern gestaltet sich die Kommunikation für faule Leute grundsätzlich sehr einfach. Sie können sich gemütlich zurücklehnen, falls angebracht die Ohren auch mal auf Durchzug stellen, und den Wortschwall einfach über sich ergehen lassen. Es ist allerdings nicht der Sinn eines Gesprächs, sich zutexten zu lassen, um letztlich sinnlos Zeit zu verplempern. Auch empfinde ich es als ziemlich ermüdend, mir endlose Monologe über Gott und die Welt anzuhören. Ich gewinne durch geduldiges Zuhören auch keinerlei Sympathiepunkte bei meinem Gegenüber. Erfüllt von sich selbst und seinem Rededrang ist es ihm vollkommen einerlei, wem er da gerade seine Lebensgeschichte aufdrückt. Mit genau derselben Begeisterung könnte er auch eine zufällige Zugreisebekanntschaft vollreden, um sich die Zeit zu vertreiben. Hier müssen Sie einschreiten und dem Gesprächspartner freundlich aber bestimmt beibringen, dass er gerade mit IHNEN, also einer überaus wertvollen Person, und nicht mit Irgendjemandem spricht. Unterbrechen Sie also in solchen Fällen seinen Redefluss oder stellen Sie seine Aussagen auch mal in Frage.

Nur wenn er Sie als Persönlichkeit wahrnimmt und respektiert, kann daraus eine tragfähige und tiefgründige Freundschaft entstehen. Anderenfalls wird diese Beziehung auf dem Stand einer oberflächlichen Bekanntschaft verharren. Ihnen bleibt dann nur die unerfreuliche Rolle eines Spiegels, auf den ein Papagei unentwegt einpickt.

Wie verhalte ich mich bei Gesprächspartnern, die mir ihre Sorgen erzählen

Ein kardinaler Fehler, den insbesondere Männer bei Gesprächen mit Frauen sehr oft begehen, besteht darin, ungefragte Ratschläge zu erteilen. Personen, welche von ihren Sorgen berichten, wollen oftmals nur jemanden haben, der ihnen zuhört und der sie versteht. Dadurch entwickeln sie selbständig eine Lösung für ihr Problem. Sie könnten und sollten natürlich nachfragen, um ein tieferes Verständnis zu entwickeln. Wenn Sie aber nicht ausdrücklich nach Rat gefragt werden, dann erteilen Sie auch keinen, selbst wenn sich alles in Ihnen dagegen sträubt. Ratschläge wie „Du musst Dich in dieser Sache unbedingt so und so verhalten“ oder „Ich an Deiner Stelle würde sofort…“ sind meistens unerbeten und degradieren den Erzähler zu einem Kind, das eine führende Hand benötigt. Damit laufen Sie Gefahr, als nerviger Besserwisser dazustehen, dem man in Zukunft besser nichts mehr erzählt. Noch schlimmer wäre es, wenn Sie solche Gespräche weitererzählen. Wichtige Gespräche zwischen zwei Personen schaffen Vertrautheit, dies sollten Sie nicht zerstören, indem Sie davon Dritten erzählen.

Wie verhalte ich mich bei Gesprächspartnern, die mir ihren Liebeskummer erzählen

Das soeben Gesagte gilt insbesondere bei Gesprächen über die Liebe. Regt sich zum Beispiel Ihre beste Freundin über deren Freund auf, so wird sie Ihnen haarklein all die Dinge aufzählen, die sie an diesem Schuft stören und schon immer gestört haben. Für den Zuhörer führt diese Tirade zu der (scheinbar) unausweichlichen Schlussfolgerung, dass diese furchtbare Beziehung sofort beendet werden muss. Aber in ihrer Wut und ihrem Kummer bringt die Bekümmerte nur all die negativen Aspekte ihrer Beziehung zur Sprache und übertreibt diese auch, ohne dass ihr das bewusst ist. Die positiven Eigenschaften ihres Freundes unterschlägt sie dabei - für den Augenblick jedenfalls. Sie werden ihr aber ein paar Tage später wieder einfallen. Und dann stehen Sie als Ratgeber in einem ganz schlechten Licht da, wenn Sie zur Trennung geraten haben. Die Gefahr besteht sogar, dass Sie vom glücklich wiedervereinigten Pärchen als eigentliche Ursache ihrer Beziehungsprobleme betrachtet werden. Denn natürlich wird die Freundin ihre eigentlich gut gemeinten Ratschläge keineswegs vergessen, sondern sie ihrem Freund brühwarm auftischen.

Und ich weiß genau, wovon ich rede: Ich habe mal mit dem Pärchen - nennen wir sie Helmut und Gabi - zusammen in einer WG gewohnt. Gabi arbeitete in einer Arztpraxis, Helmut dagegen lag den ganzen Tag faul im Bett und war auch noch spielsüchtig. Beide hatten ein gemeinsames Konto, auf dem natürlich nur das Gehalt von Gabi einging. Helmut hob fleißig Geld ab und verspielte es wirklich bis zum letzten Cent, während seine Frau arbeitete. Einmal kam Gabi deswegen völlig aufgelöst in mein Zimmer gestürmt und erzählte mir unter Tränen, dass Helmut schon wieder das ganze Geld verspielt habe und was sie denn nur machen solle. Jung und dumm wie ich nun mal war, riet ich ihr, doch einfach ein eigenes Konto zu eröffnen, auf das Helmut keinen Zugriff bekommen darf. Und was geschah danach? Schon am nächsten Abend stürmte Helmut wutentbrannt bei mir rein und schrie „Wieso hetzt Du meine Frau gegen mich auf und erzählst ihr, dass sie ein eigenes Konto eröffnen soll, was geht Dich das an? Bist Du hinter ihr her?“ Sie stand derweil weinend hinter ihm, deutete mit dem Finger auf mich und greinte: „Helmut, ich wollte das ja gar nicht und kann nichts dafür. Er hat mir gesagt, ich solle das unbedingt so machen...“. Und was hab ich daraus gelernt? Nie mehr misch ich mich in eine Beziehung ein, denn jeder hat letztlich die Beziehung, die er braucht. Wenn Ihnen also jemand seinen Liebeskummer anvertraut, ist dies ein sehr wichtiger Vertrauensbeweis. Hören Sie aufmerksam zu, reagieren Sie behutsam und einfühlsam, aber seien Sie sehr zurückhaltend mit Ratschlägen. Und falls Sie doch mal was raten, sagen Sie nicht, ich hätte Sie nicht gewarnt.

Feinde in Freunde verwandeln

„Glaub immer, dass die meisten Menschen nicht halb so gut sind, wie ihre Freunde sie schildern, und nicht halb so böse, wie ihre Feinde sie ausschreien." Dieser Ratschlag stammt vom berühmten Menschenkenner Adolph Freiherr Knigge, und damit hatte er absolut recht. Eigentlich fallen sämtliche Menschen, denen wir im Laufe unseres Lebens begegnen, irgendwo in die Grauzone zwischen Freund und Feind. Dies liegt daran, dass uns die allermeisten Personen ziemlich egal sind. Ich würde diese Leute nicht auf meine Party einladen und auch nicht in Tränen ausbrechen, wenn sie ihren Job verlieren. In vielerlei Hinsicht könnte ich mich mit ihnen näher beschäftigen, aber es genauso gut auch einfach sein lassen, und dies wäre alleine meine Entscheidung. Fast unvermeidlich dürfte es aber sein, dass wir ab und zu auf Leute treffen, die uns eindeutig nicht wohlgesonnen sind, ohne dass dafür ein erkennbarer Grund vorliegt. Ich will hier nicht ergründen, worauf diese Abneigung zurückzuführen ist. Akzeptieren wir einfach, dass dies halt so ist.

Der entscheidende Unterschied zwischen einem Feind und einem Freund sind die Hintergedanken, mit denen diese

Leute mit Ihnen in Kontakt treten. Ein Freund kann (und soll) Ihnen auch mal den Kopf waschen, wenn Sie es verdient haben. Dabei meint er es aber gut, denn er verhält sich nur aus echter Anteilnahme so und will Ihnen damit helfen. Ein Feind dagegen führt oftmals selbst dann Böses im Schilde, wenn er sich Ihnen gegenüber anscheinend wohlwollend verhält. Denn Feinde agieren Ihnen gegenüber stets aus eigennützigen Motiven. Wenn Sie Ihnen helfen, dann nur, um selber davon zu profitieren. Wenn Sie zum Beispiel einem Feind gegenüber Ihren Liebeskummer von der Seele reden und er Sie darin bestärkt, die Liebesbeziehung zu beenden, stecken wahrscheinlich egoistische Motive dahinter: Vielleicht bereitet es ihm Freude, Sie leiden zu sehen, vielleicht will er seinerseits bei der Ex-Freundin landen oder sich an ihr - warum auch immer - rächen. Welches auch immer seine Motive sein sollten, Selbstlosigkeit oder gar Einfühlungsvermögen haben nichts damit zu tun. Dies klingt zunächst ziemlich endgültig, aber psychologische Studien haben bewiesen, dass es mit einem einfachen psychologischen Kniff möglich ist, Feinde in Freunde zu verwandeln. Wie das gehen soll? Das sollen Sie sofort erfahren.

die Kategorie „vertrauensbildende Maßnahmen“. Zumindest sollte es dadurch möglich sein, eine Art friedlicher Koexistenz zu erreichen. Das Bitten um eine kleine Gefälligkeit appelliert unterbewusst an den in jedem Menschen steckenden, innersten Trieb, irgendeiner Art von Gemeinschaft angehören zu wollen. Den umgekehrten Fall gibt es übrigens leider auch zur Genüge, und das seit alters her. Sämtliche Körperverletzungen werden letztlich nur begangen, weil die Täter ihre Opfer zuvor entmenschlicht haben. Damit fällt die wichtigste, psychische Hemmschwelle, denn einem nichthumanen „Objekt“ etwas anzutun fällt wesentlich leichter als einem menschlichen Artgenossen.

Nehmen Sie sich Zeit

Nachdem Ihr neuer potenzieller Freund Ihnen den Gefallen getan hat, sollten Sie dies auf gar keinen Fall thematisieren. Verhalten Sie sich stattdessen so, als sei dies eine Selbstverständlichkeit, dic kciner weiteren Erwähnung bedarf. Ein kleiner Dank genügt also. Erwecken Sie keinesfalls den Eindruck, als wären nun Sie ihm einen Gefallen schuldig. Wenn Sie auf dieser kleinen Hilfeleistung herumreiten, laufen Sie Gefahr, dass er Ihre manipulative Absicht durchschaut und danach erst recht verärgert ist. Dies wäre so ziemlich das Gegenteil von dem, was Sie erreichen möchten. Lassen Sie ihm also Zeit, und er kommt irgendwann von selbst auf den Trichter. Es geht dabei nicht darum, dass er eine konkrete Gegenleistung erbringt, sondern vielmehr, dass sich seine

Einstellung Ihnen gegenüber ändert. Und da reagieren die Menschen höchst unterschiedlich: der eine verspürt das Bedürfnis, sich zu revanchieren. Der andere nimmt seine Tat dagegen gar nicht bewusst wahr, kann aber dennoch nicht verhindern, dass er unterbewusst einen positiveren Eindruck von Ihnen bekommt. Die allermeisten Menschen können sich zwar ziemlich aggressiv verhalten, lassen sich aber mit derlei Methoden auf recht einfache Weise friedlich stimmen. Wenn nach der ersten Gefälligkeit genügend Zeit verstrichen ist, sollten Sie ihn bei passender Gelegenheit und ebenfalls sehr beiläufig um einen weiteren, kleinen Gefallen bitten. In den allermeisten Fällen wird er auch diese Bitte erfüllen. Damit haben Sie gleich zwei Ziele erreicht: Sie haben damit begonnen, eine Feindschaft in eine Freundschaft zu verwandeln und eine Gefälligkeit wurde Ihnen auch noch erwiesen. Da wollen wir dann auch mal großzügig sein und ihm zugestehen, sich als moralischer Sieger zu fühlen, da Sie ja zuerst auf ihn zugegangen sind. Wir wissen ja, dass es sich umgekehrt verhält und wir ihn nur geschickt manipuliert haben.

5

Das Geheimnis der Charismatiker

Charisma ist äußerst hilfreich für jegliche Art zwischenmenschlicher Kontakte. Sehr viele Leute denken, Charisma wäre eine Art angeborenes Naturtalent, die einen besitzen es halt, die anderen nicht. Sie sind zudem der schicksalsergebenen Meinung, dass sich daran leider nicht das Geringste ändern lässt. Diese Ansicht ist jedoch nur eine sich selbst erfüllende Prophezeiung.

Wer von vornherein meint, dass er kein Charismatiker ist und niemals sein wird – der ist und wird auch keiner.

Wer dagegen denkt:

„ich bin zwar kein Charismatiker, aber was sollte mich davon abhalten, einer zu werden",

ist auf dem richtigen Weg und besitzt sehr gute Aussichten, charismatische Fähigkeiten zu erlangen. Denn Charisma bedeutet zu aller erst, Vertrauen zu sich selbst zu haben. Wem das schwerfällt, muss sich wie bereits mehrfach erwähnt, stets klar machen, dass alle anderen Personen ebenfalls ihre Schwächen haben.

Aber Charisma, was ist das eigentlich? Es lässt sich auf vielerlei Weise definieren. Am Einfachsten ausgedrückt ist es die Fähigkeit, die Aufmerksamkeit anderer Leute auf sich zu ziehen. Damit meinen wir aber nur die positive Aufmerksamkeit, nicht diejenige, welche von Straftätern, Verunglückten oder öffentlicher Bloßstellung ausgeht. Ein Charismatiker zieht Leute an wie ein Magnet, er ist ein gerne gesehener Gast in jeder Gesellschaft. Charismatiker haben es leichter im Leben, denn für sie öffnen sich im privaten und beruflichen Bereich viele Türen, welche anderen Leuten sonst verschlossen bleiben. Nicht wenige Vorgesetzte machen nicht etwa durch ihre fachliche Qualifikation Karriere, sondern durch ihren souveränen Umgang mit ihren Mitmenschen und damit auch ihren Führungsqualitäten. Man spricht hier gerne auch neumodisch von den „Soft Skills“. Charisma ist eine derart dominante Fähigkeit, dass sie es sogar schafft, selbst definitiv böse Charaktereigenschaften zu überstrahlen. Denken Sie etwa an Straftäter, wie den als Dagobert bekannt gewordenen Kaufhauserpresser Arno Funke oder den selbstverliebten Hochstapler Gert Postel, die beide trotz ihrer Straftaten öffentlich geradezu umjubelt wurden und nun sogar ihre Memoiren erfolgreich vermarkten.

Was genau macht eigentlich ein Charismatiker?

Ich habe einen sehr charismatischen Freund, der in der Öffentlichkeit steht. Wenn ich mich mit ihm unterhalte, habe ich stets den Eindruck, dass er jedes meiner Worte sehr ernst nimmt. Ich denke mal, dass dem gar nicht so ist, aber er vermittelt mir einfach dieses Gefühl. Und dies gelingt ihm mit einer Kombination aus Körpersprache, Augenkontakt und interessiertem Nachfragen. Dabei ist er stets freundlich, entgegenkommend und auf mich fokussiert. Er ist offen, bodenständig und zeigt Einfühlungsvermögen. Kurz gesagt liebe ich es einfach, mich mit ihm zu unterhalten. Unsere Gespräche sind stets eine wunderbar anregende Mixtur aus Unterhaltung, Information, Ernsthaftigkeit und Albernheit. Ich fühle mich ganz prächtig dabei und dieses Wohlgefühl bleibt auch noch lange nach unserem Treffen bestehen. Dabei gibt er mir stets das Gefühl mich vollkommen zu verstehen, vielleicht sogar besser zu verstehen als all meine Familienmitglieder. Deshalb nenne ich ihn auch gerne und ohne dass er böse wird, „Charakter-Chamäleon" - aber dies nur am Rande.

All seine Charaktereigenschaften wurden mir jedenfalls erst bewusst, nachdem ich ihn genau beobachtete, während er sich mit anderen Leuten unterhielt. Letztlich basiert sein Charisma auf seiner immensen Aufmerksamkeit, die er anderen gegenüber an den Tag legt. Er gibt jedem das Gefühl, er wäre sein Bruder im Geiste. Aus diesem Grund ist er übrigens auch ein sehr erfolgreicher Geschäftsmann.

In mir zum Beispiel legt sich automatisch irgendein Schalter um, wenn ich mich mit kleinen Kindern unterhalte. Ohne, dass es mir eigentlich bewusst wird, verwandle ich mich schlagartig in ein Kind und kann mich so als gleichgestellter Spielkumpel herrlich mit ihnen amüsieren. Meinem besagten Freund gelingt es dagegen, sich auf ähnliche Weise instinktiv an sein Gegenüber anzupassen, wie immer dieser auch denken mag. Aus mathematischer Sicht sieht er bei jedem Gespräch das Verhalten seines Gegenübers als Konstante, auf die er selber flexibel reagiert. So gesehen betrachten Charismatiker wie er das Gespräch als eine Art Behältnis, welches mit Wasser befüllt werden muss, ohne zu überlaufen. Je mehr Wasser (also Wörter) sein Gegenüber in das Behältnis füllt, desto weniger fügt er hinzu und umgekehrt. Dabei ist sein Ziel, dass der Gesprächsbeitrag seines Gegenübers stets so hoch wie möglich sein muss, ohne dass es diesem unangenehm wird. Er wird also bei einer eher reservierten Person dazu tendieren, die Gesprächsführung zu übernehmen, sie aber dabei stets ermutigen, selber zu sprechen.

Ist Charisma in irgendeiner Weise erlernbar?

Der Freund, von dem ich soeben erzählt habe, ist zweifelsohne ein waschechter Charismatiker. Er hat sich diese Fähigkeit jedoch in langen Jahren antrainiert, denn noch zu Schulzeiten war er ein eher schüchterner und unauffälliger Bursche. Er konnte aber schon immer gut Beobachten und hat nach und nach gelernt, sein Verhalten darauf abzustimmen. Wenn Sie lernen, sich auf Ihre Mitmenschen einzustellen, haben Sie einen großen Schritt in Richtung Charismatiker getan. Zur Vereinfachung lässt sich Charisma in seine Bestandteile aufspalten. Jede einzelne dieser Komponenten kann analysiert, gemessen und einzeln verbessert werden. Sie wissen nicht, warum Sie das tun sollten? Dann stellen Sie sich folgende Fragen:

- Besäßen Sie nicht gerne die Fähigkeit, wildfremde Leute sofort für sich begeistern zu können?
- Möchten Sie nicht gerne bei der Arbeit, daheim oder gar im Gerichtssaal alle Anwesenden alleine aufgrund Ihres Charmes für sich einnehmen?

- Würden Sie nicht gerne potenzielle Sexualpartner dazu bringen, Sie nur aufgrund Ihrer Persönlichkeit zu mögen, und nicht wegen Ihrer Kleidung, gesellschaftlichen Stellung oder Ihres Aussehens?
- Stünden Sie nicht gerne im Mittelpunkt einer jeden Partie?

Hand auf´s Herz, wer antwortet da schon mit einem „Nein". Vielleicht liegt auch genau hier das Problem. Charisma wird meistens in solch materialistische Denkschablonen wie eben beschrieben gepresst. Dabei lässt sich Charisma nicht berechnen, sondern ist lebendiger Ausdruck einer Lebenseinstellung. Auf der einen Seite gibt es Leute, die an Charisma in mythischen, spirituellen oder philosophischen Dimensionen denken. Für sie ist Charisma eine Naturbegabung. Für die anderen dagegen ist Charisma messbarer Ausdruck mathematisch-kalkulierbaren Verhaltens. Für diese Leute unterscheidet sich Charisma damit nicht großartig von einem Kuchenrezept. Sie kaufen die erforderlichen Zutaten, rühren sie in erforderlicher Menge zusammen und das war´s auch schon. Die Wahrheit liegt wohl irgendwo dazwischen. Vor allem ist Charisma stets individuell und sowohl wortgewaltige Spaßkanonen als auch stille Denker können charismatisch wirken. Jeder auf seine Art natürlich, denn ein introvertierter Mensch bleibt selbst als Charismatiker in sich gekehrt. Und wer von Haus aus mit einem losen Mundwerk gesegnet ist, dem dürfte es kaum gelingen, den interessanten Denker zu mimen, ohne an Glaubwürdigkeit zu verlieren.

Denn merken Sie sich eins:

Charisma gedeiht auf der Basis selbstbewusster Glaubwürdigkeit!

Nur weniges ist peinlicher und weniger charismatisch als ein offensichtlich aufgesetztes Gehabe, welches nicht zur jeweiligen Persönlichkeit passt. Bleiben Sie sich daher bei all Ihren Bemühungen, Aufmerksamkeit zu erregen, stets treu.

6

Körpersprache – die Zunge lügt, der Körper nicht

Nach Untersuchungen der Universität Pennsylvania besteht Kommunikation zu 55 Prozent aus angeborener Körpersprache. Die gesprochenen Wörter dagegen tragen inklusive des Tonfalls nur zu 38 Prozent zur Kommunikation bei. Die Körpersprache ist zudem universal. Dies bedeutet, dass sie abgesehen von gewissen, kulturellen Einschränkungen weltweit angewendet wird, dies gilt im gleichen Maße für blinde Personen. Die allermeisten Tiere kommunizieren sogar fast ausschließlich über die Körpersprache. Das Erkennen körperlicher Signale gilt als ideale Methode, zwischen den Zeilen zu lesen. Viele Menschen sind

nur begrenzt dazu fähig oder willens, das zu sagen, was sie auch wirklich meinen. Dies geschieht – außer bei Lügnern – nicht aus böser Absicht. Stattdessen verfügen viele Personen über einen eingeschränkten Wortschatz, haben Artikulationsschwierigkeiten oder Hemmungen, sich deutlicher auszudrücken - etwa weil sie Angst vor den Konsequenzen haben. Aber die Körpersprache ist eine deutliche Sprache, die vor allem vom Selbstbewusstsein abhängt. Wenn Sie also Ihre Körpersprache verbessern wollen, müssen Sie auch an Ihrem Selbstbewusstsein arbeiten. Man spricht hier von der Wechselwirkung zwischen dem „inner game“ und „outer game“.

Die Signale des Körpers können gelesen werden wie ein gesprochener Satz. Noch wichtiger ist, dass durch die unbewusste Körpersprache das soeben Gesagte sowohl verstärkt als auch teilweise oder komplett in Abrede gestellt werden kann. Auch können sich mehrere Signale der Körpersprache widersprechen. Es kommt daher darauf an, dass Sie die einzelnen Elemente der Körpersprache als Gesamtheit begreifen.

Körpersprache trägt entscheidend zum Gesamteindruck bei

Menschliche Kommunikation ist, wie bereits angesprochen, ein ganzheitliches System. Dazu gehören nicht nur die gesprochenen Wörter, sondern auch körperliche Dinge wie die Gestik, Mimik oder der Augenkontakt. Aus all diesen Einzelfaktoren können Sie ein Gesamtbild von Ihrem Gegenüber erstellen. Probieren Sie es mal aus und fragen Sie einen guten Freund, warum er eigentlich eine bestimmte dritte Person nicht mag. Er wird einige ganz konkrete Situationen aufzählen, die ihn zu dieser Ansicht brachten. Und wenn Sie nachhaken, wird dabei herauskommen, dass ihn der ruppige Tonfall oder die aggressive Gestik der verhassten Person eigentlich schon immer gestört haben. Hier liegt die Kraft der non-verbalen Körpersprache, sie hat einen ganz erheblichen Einfluss darauf, wie Menschen von ihrer Umwelt wahrgenommen werden. Dies geschieht zumeist unbewusst, daher wissen viele Leute auf Befragung oftmals gar nicht, warum sie die eine Person eher positiv und die andere eher negativ einschätzen. Manchmal sagen wir ja bereits zwei Minuten nach dem Kennenlernen: „Ich mag einfach seine Art nicht". Dies bedeutet, dass uns dessen Körpersprache instinktiv missfällt, denn wir kennen diese Person ja noch gar nicht.

Eine kleine Übung zum Verständnis der Körpersprache

Befinden Sie sich gerade in der Öffentlichkeit? Falls ja, beobachten Sie mal genau irgendwelche Personen, die sich außerhalb Ihrer Hörweite unterhalten. Erkennen Sie, in welcher Stimmung diese Personen gerade sind? Wirken sie gestresst, frustriert, wütend, ausgeglichen oder freudig erregt? Dies durch bloßes Beobachten herauszufinden dürfte Ihnen nicht sonderlich schwerfallen, denn wie wir ja inzwischen wissen, besteht der Hauptbestandteil der Kommunikation aus Körpersprache. Ohne, dass es Ihnen in jedem Detail bewusst geworden ist, haben Sie instinktiv die Körperhaltung sowie Gestik und Mimik Ihrer Observierungsobjekte einzeln unter die Lupe genommen, gemeinsam bewertet und haben daraus entsprechende Schlussfolgerungen gezogen. Daher ist es wichtig, dass Sie sich auch Ihrer eigenen Körpersprache bewusst werden. Welche drastischen Folgen das Ignorieren Ihrer Körpersprache haben kann, zeigt dieser kleine Dialog;

Er: „Mein Schatz, ich liebe Dich - willst Du mich heiraten?“

Sie: „Das kann ja wohl kaum eine ernstgemeinte Frage sein. Ich höre doch schon an Deinem sarkastischen Tonfall, dass Du Dich über mich lustig machst. Außerdem hast Du mich bei Deinem sogenannten „Antrag“ noch nicht mal angeschaut und dafür eine Grimasse gezogen. Du Schuft, jetzt reicht es mir endgültig mit Dir!“

Körpersprache ist also in vielen Fällen wichtiger als das Gesagte. Achten Sie insbesondere bei wichtigen Gesprächen ebenso darauf wie auf Ihre Worte. Manchmal sind es auch nur schlechte Angewohnheiten, die völlig unbemerkt falsche Signale an Ihre Mitmenschen aussenden. Auch wenn diese Ihren Gesprächspartnern nicht bewusst auffallen, so beeinflusst sie doch deren Meinung über Sie. Insgesamt sind es drei Gründe, welche für die Wichtigkeit der Körpersprache sprechen:

1. Der Ersteindruck basiert stets auf der Körpersprache

In den meisten Situationen, insbesondere wenn man mit neuen Personen in Kontakt tritt, versucht jeder, den Charakter des anderen zu ergründen und darüber ein Urteil zu fällen. Sobald dies geschehen ist – was nicht allzu lange dauert - entscheidet sich „Hopp oder Topp“, oder mit anderen Worten, ob Sie oder Ihr Gegenüber mehr Zeit in diese Beziehung investieren wollen. Wenn andere Leute Sie einschätzen, dann basiert dies auf drei Dingen:

1. Was andere über Sie gesagt haben
2. Was Sie selber sagen
3. Ihre non-verbale Körpersprache

Jetzt raten Sie mal, welche beiden dieser drei Aspekte Sie beeinflussen können. Am einfachsten ist es noch, mit körperlichen Signalen Vertrauen, Aufmerksamkeit und Übereinstimmung zu erzeugen. Wenn Sie gut darin sind, einen positiven verbalen und nonverbalen Eindruck zu erwecken, werden Sie von Ihren Gesprächspartnern automatisch positiv(er) eingeschätzt. Dabei sind die Menschen weitaus effizienter und schneller darin, andere zu beurteilen, wie ihnen selber bewusst ist. Wir streben immer danach, uns mit Leuten zu umgeben, die wir mögen. Wir teilen alle Mitmenschen bewusst oder unbewusst in die beiden Kategorien „Mag ich" oder „Mag ich nicht" ein und handeln entsprechend. Je nachdem, wie gut Sie selber Einfluss auf Ihre Körpersprache nehmen können, landen Sie entweder in der einen oder anderen Schublade.

2. Körpersprache kann dazu beitragen, Fehler auszubügeln

Körpersprache hilft Ihnen selbst dann, wenn Sie soeben zur falschen Zeit etwas Falsches gesagt haben. Sie können mit der Körpersprache Stärke, Humor, Demut, Sarkasmus, Charisma und einen ganzen Schwung weiterer positiv besetzter Eigenschaften darstellen und damit das soeben Gesagte überspielen. Je besser Sie darin sind, desto eher wird man Ihnen einen Lapsus verzeihen. Zumindest dient dies zur Auflockerung einer bereits angespannten Situation. Niemand ist in der Lage, in wirklich jeder Sekunde aufmerksam zu bleiben und dabei auch noch überlegt und geistreich zu plaudern. Wenn Sie die Körpersprache gezielt einsetzen, also bestimmte Aussagen mit gezielter Gestik und Mimik unterstützen, werden selbst Ihre gewagtesten Thesen noch einigermaßen glaubwürdig. Sie wirken authentischer, ernsthafter und ehrlicher. Daher beherrscht hierzulande jeder wichtige Politiker ein Sammelsurium einstudierter Gesten, um damit seine Argumente zu unterstreichen und zu vereinfachen - sowie dabei auch noch möglichst fotogen zu wirken.

3. Ihre Körpersprache entscheidet darüber, wie Sie von anderen wahrgenommen werden

Wie zuvor erwähnt bilden sich die Leute ihre Urteile über einzelne Mitmenschen ziemlich schnell. Sie wollen damit vor allem ermitteln, ob Sie es wert sind, Zeit in Sie zu investieren. Sie schauen auf Ihre Kleidung, wie Sie sprechen, Ihren Akzent, Ihren Gesichtsausdruck, Ihre Wortwahl und Ihre Körpersprache. In der Summe ergeben all diese Einzelfaktoren den Gesamteindruck, welche andere von Ihnen haben. Wenn Sie im Leben vorankommen wollen, müssen Sie auf Personen setzen, die Sie kennen und von denen Sie gemocht werden. Die Kenntnis über die Funktion der Körpersprache hilft dabei auf zweierlei Art, sich beliebt zu machen. Zum einen können Sie andere Personen besser einschätzen und entsprechend agieren. Zum anderen können Sie sich aber auch selbst einer zielgerichteten Körpersprache bedienen, welche Sie in einem besseren Licht dastehen lässt. Letztlich verkaufen Sie sich also selbst besser, wenn Sie Ihre Körpersprache im Griff halten. Dies ist übrigens bei weitem nicht so schwer, wie es sich zunächst anhört. Zumindest die grundlegendsten Aspekte der Körpersprache lassen sich von jedem mit einer recht simplen Methode erlernen. Mit der werde ich Sie im nächsten Abschnitt bekanntmachen.

Eine einfache Methode, die Körpersprache zu erlernen

Vorausschicken sollte ich zunächst mal, dass sich die Körpersprache nicht vollständig beherrschen lässt. Medizinische Aspekte wie der Blutdruck oder ein erhöhter Puls lassen sich kaum bewusst beeinflussen, daher gibt es ja auch Lügendetektoren. Auch ist die Körpersprache stets ein äußeres Abbild Ihres Selbstbewusstseins. Aber Sie sollten bestimmte Gesten abgewöhnen, die als unattraktiv empfunden werden, dazu zählen insbesondere:

- äußere Anzeichen mangelnder Aufmerksamkeit
- verächtliche Gesten wie Augenrollen oder Mundverziehen
- eine schlechte Körperhaltung
- ein ungepflegtes Äußeres
- übertriebene Gestik und Mimik
- abwertendes Kopfschütteln

Kaum weniger schwer ist es, sich bestimmte Gesten und Verhaltensweisen gezielt anzutrainieren. Dafür müssen Sie keinen Kursus belegen, sondern nur über eine gute Beobachtungsgabe verfügen. Als Anschauungsunterricht genügt es völlig, beispielsweise Politiker oder hochrangige Industriemanager bei einem Fernsehauftritt zu beobachten. Insbesondere Spitzenpolitiker sind wahre Vollprofis bezüglich ihrer Körpersprache. Sie sind sich stets ihrer Außenwirkung vollkommen bewusst und setzen ihre antrainierten Körpersignale ständig ein, ohne - und das ist die große Kunst - dass es ihren Zuschauern im Geringsten bewusst wird. In den USA haben vermutlich sämtliche Politiker und Spitzenmanager den absolut gleichen Kursus über Körpersprache belegt. Wenn man den Ton mal abdreht, wirken sie mit ihren geradezu gleichgeschalteten Gesten allesamt wie Marionetten, die derselben Produktion entstammen. Denn ausnahmslos bringen sie ihre Botschaften mit exakt der gleichen Gestik unter das Volk:

- einprägsames Armschwenken bei wichtigen Redepassagen
- energische Mimik bei kämpferischen Passagen
- wiederholte, energische Armschranke bei kurzen und prägnanten Aussagen
- nachdenkliches Kopfneigen beim Zuhören
- zielgerichtetes Deuten bei der Aufzählung kurzfristiger Ziele
- ins Unbestimmte gerichteter, visionärer Blick beim Erwähnen langfristiger Ziele

- symbolisches Abzählen der Finger beim Aufzählen einzelner Punkte
- warmherzig-begeistertes Lächeln, sobald Kinder auftauchen
- verächtliches Schulterzucken und Kopfschütteln beim Kritisieren von Konkurrenten

Die Meister der Körpersprache

Die eben genannten Körpersignale sind nur einige der offensichtlichsten und wichtigsten, welche die Spitzenpolitiker in petto haben. Auch gilt für sie die Faustregel: je schwächer ihre Aussagen und je größer ihre Zuschauerzahl, desto eher greifen sie auf die Körpersprache zurück. Dies können Sie mit einem einfachen Test nachprüfen. Schreiben Sie mal eine kurze Textpassage auf, bei welcher sich ein Politiker einer besonders eindringlichen Körpersprache bedient. Wie bitte? Sie wollen nicht? Dachte ich mir schon, daher habe ich dies für Sie erledigt. Hier ein typischer Satz eines Berufspolitikers:

> *„Europa wächst in der Krise zusammen. Der Weg, sie zu überwinden, bleibt lang und wird nicht ohne Rückschläge sein, doch am Ende dieses Weges wird Europa stärker aus der Krise hervorgehen, als es in sie hineingegangen ist."*

Diese Aussage ist streng genommen eine vollkommen unkonkrete und inhaltsleere Binsenweisheit, deren Aussage verkürzt lautet:

„Allerorten werden sowohl gute als auch schlechte Zeiten kommen."

Potzblitz aber auch, angesichts dieser prophetischen GZSZ-Vorhersage wird ja jedes Horoskop geradezu gelb vor Neid. Dieser Satz stammt übrigens aus der Neujahrsansprache der Bundeskanzlerin von 2012. Sie trug ihn bei perfekter Körperhaltung, mit einem warmherzigen, die Zuhörerschaft fixierendem Blick sowie in einem jahreszeitlich passenden, besinnlichen Tonfall vor. Für ihr Publikum zählte einzig und alleine die Inszenierung, sprich die perfekt auf diesen Satz zugeschnittene Körpersprache und die dadurch erzeugte Wohlfühl-Atmosphäre. Der Satzinhalt war dagegen vollkommen bedeutungslos. Wahrscheinlich hätte sie auch sagen können „Elvis lebt" oder „Im Übrigen bin ich entschieden gegen Erdbeben" - und keiner hätte daran Anstoß genommen. Was sollten Sie nun aus diesem Beispiel lernen? Die Bedeutung Ihrer Körpersprache ist kaum zu unterschätzen. Sie ist in der Lage, praktisch jedem x-beliebigen Satz, und sei er noch so widersinnig oder banal, Gewichtigkeit und inhaltliche Tiefe zu verleihen.

Wie kontrolliere ich meine eigene Körpersprache?

Beobachten Sie einfach professionelle Redner und übernehmen sie die Techniken, welche Ihnen angemessen erscheinen. Aber Vorsicht, übertreiben Sie es nicht damit. Denn mit zunehmender Übung im sorgfältigen Beobachten werden Sie auch schnell erkennen, welche Gesten besonders aufgesetzt wirken. Das sollten Sie natürlich vermeiden und grundsätzlich nur zu den Gesten greifen, die Ihrer Persönlichkeit entsprechen. Sie können Ihre Geste auch daheim vor dem Spiegel üben, wie es viele professionelle Redner tun. Wichtig ist immer, dass die Gesten natürlich rüberkommen und nicht aufgesetzt wirken. Ein künstliches Lächeln erkennen Sie zum Beispiel daran, dass sich nur die Mundwinkel verziehen, aber der Rest des Gesichts, insbesondere die Augenpartien, starr bleiben. Am besten gelingt ein natürliches Lächeln, wenn Sie währenddessen wirklich an etwas Witziges denken. Das bei Fotografen beliebte „Cheese" dagegen wirkt stets unnatürlich und gezwungen.

Insbesondere viele Spitzenpolitiker trainieren sich übrigens eine bestimmte, als positiv empfundene kleine Geste oder Marotte, an, mit der sie in Zusammenhang gebracht werden wollen. Berühmtestes Beispiel dafür ist der englische Ex-Premier Winston Churchill, der mit seinen Fingern oft und gerne das „V"-Zeichen für „Victory" (Sieg) bildete. Dies gelang ihm so gut, dass er bis zum heutigen Tag damit in Verbindung gebracht wird. Die Bundeskanzlerin Angela

Merkel versucht übrigens seit Jahren Ähnliches, wenn sie mit ihren Fingern eine Raute bildet. Ulkigerweise weiß niemand so recht, was sie uns damit eigentlich sagen will, aber darauf kommt es auch gar nicht an. Entscheidend ist einzig und alleine, dass das Symbol der Raute in der Öffentlichkeit positiv besetzt ist und sie dadurch ein positives Alleinstellungsmerkmal an sich koppeln konnte.

7

Der Schnelltest - Persönlichkeitsanalyse in 2 Minuten

Wenn Sie neue Bekanntschaften machen, fällt es natürlich schwer, diese einzuschätzen. Schnell lässt man sich vollkommen unterbewusst von Äußerlichkeiten beeindrucken, welche den wahren Charakter des Gegenübers überdecken. Aber es gibt eine erstaunlich einfache Methode, wie Sie zu einer relativ objektiven, ersten Gesamteinschätzung kommen können. Schauen Sie sich die nachfolgende Liste genau

an, die auf den Erkenntnissen der Psychologen Borkenau und Liebler basiert. In dieser Liste befinden sich die zehn wichtigsten Charaktereigenschaftspaare, welche zusammengenommen ein Persönlichkeitsprofil ergeben. Ordnen Sie dort einfach Ihre neue Bekanntschaft ein und Sie erfahren, wie sie tickt und damit auch, wie der ideale Umgang mit ihr ausschaut. Die einzelnen Charaktereigenschaften wurden nach ihrer Wichtigkeit sortiert, die wichtigste kommt also zuerst.

1. Extrovertiert - Introvertiert
2. Kultiviert - Unkultiviert
3. Gesellig - Einzelgängerisch
4. Risikobereit - Risikoscheu
5. Sozial denkend - Egoistisch denkend
6. Sorgfältig - Unpräzise
7. Mitteilsam - Schweigsam
8. Gewissenhaft - Nachlässig
9. Offen - Verschlossen
10. Ruhig - Nervös

Je früher Sie diesen Test durchführen, desto besser. Überlegen Sie auch nicht allzu lange, sondern urteilen Sie nach Ihren spontanen Empfindungen. Dies alles sollte nicht viel länger als zwei Minuten in Anspruch nehmen. Dadurch erhalten Sie eine Art Psychogramm Ihres Gegenübers, welches dazu beiträgt, ihn und seine Aussagen besser einschätzen zu können. Dies wird den Umgang mit Ihren neuen Gesprächspartnern wesentlich erleichtern. So sollten Sie etwa

Äußerungen von eher introvertierten und präzise formulierenden Personen vergleichsweise ernst nehmen. Ihnen gegenüber müssen Sie Ihre Worte wesentlich sorgfältiger abwägen als bei geselligen und extrovertierten Charakteren, die auch gerne mal Fünfe gerade sein lassen.

Besonders interessant dürfte übrigens sein, wenn Sie die Ergebnisse aufbewahren und nach einigen Monaten wieder hervorkramen. Dann erfahren Sie nämlich auch Erstaunliches über Ihre eigene Menschenkenntnis und Vorurteile. Die Trefferquote wird zunächst vielleicht nicht allzu hoch sein. Mit zunehmender Erfahrung werden Sie aber immer besser dazu fähig sein, Ihre nächste neue Bekanntschaft richtig einzuschätzen. Damit haben Sie einen ersten großen Schritt in Richtung Menschenkenntnis getan. Denn ich kann es nicht oft genug wiederholen: Menschenkenntnis können Sie nur erwerben, wenn Sie ihre Mitmenschen genau beobachten und daraus die entsprechenden Schlüsse ziehen.

8

Sechzehn typische Merkmale einer Lüge

Nachdem ich jetzt zugegebenermaßen während des gesamten Buches den verständnisvollen Menschenfreund gegeben habe, muss ich doch noch zum Abschluss etwas Essig in den Harmoniewein kippen. Denn natürlich sind nicht alle Menschen gut und ehrlich, vielmehr lügen sie, was das Zeug hält. Je nach Studie schwanken die Zahlen zwar beträchtlich, einig sind sich jedoch alle Forscher darin, dass praktisch jeder Mensch täglich mehrmals lügt. Als angehender Menschenkenner kann ich Ihre Ausbildung nur komplettieren, wenn

Sie lernen, Dichtung von Wahrheit zu unterscheiden. Achten Sie daher bei Ihren Gesprächen auf nachfolgende Anzeichen, denn die könnten auf eine eventuelle Lüge hindeuten:

Körpersymmetrie

Achten Sie auf die körperliche Symmetrie Ihres Gesprächspartners. Fehlt es daran, weil er beispielsweise eine Schulter hochzieht, den Kopf schrägt hält oder das Gesicht einseitig verzieht, so mag dies daran liegen, dass er sich unbehaglich fühlt, weil er Sie soeben anlügt.

Das „man"-Wort

Das Wort „man" wird oftmals von Lügnern dazu benutzt, um sich von einer Aussage zu distanzieren oder diese abzuschwächen: „wenn keiner aufpasst, klaut man halt auch mal was im Supermarkt". Diese verallgemeinerte Aussage sagt mir mit ziemlicher Sicherheit, dass der Sprechende selbst der Dieb war. Zumal er auch gleich noch einen Milderungsgrund für die Straftat nachschiebt. „Wenn keiner aufpasst" heißt nämlich nichts anderes, als dass der unaufmerksame Ladenbesitzer der eigentliche Schuldige ist.

Das Hintertürchen

Lügner machen selten ganz klare Aussagen, an denen man sie festnageln kann. Stattdessen halten sie sich gerne ein Hintertürchen offen und verklausulieren ihre Aussagen mit Phrasen wie: „wenn ich mich nicht arg täusche, war es doch so...", oder: „es könnte schon sein, dass...". Sollte die Lüge enttarnt werden, können sie sich dann immer damit herausreden, dass sie sich ja „nicht ganz sicher" waren. Natürlich ist dies nicht immer ein Anzeichen für eine Lüge. Wenn eine Person jedoch solche Phrasen sehr oft einsetzt, sollten Sie vorsichtig sein.

Die "Tausend-prozentigen"

„Ich schwör´s Dir und bin mir zu tausend Prozent sicher". Solche Aussagen sind von vornherein absurd, da es ja mehr als 100 Prozent Wahrheit nicht geben kann. Wenn jemand zu 1000 Prozent sicher ist, warum dann also nicht gleich zu einer Billion Prozent? Eine wahre Aussage benötigt keinerlei Übertreibungen, um ihre Glaubwürdigkeit zu unterstreichen. Lügen dagegen schon, denn der Lügner geht davon aus, dass ihm keiner glaubt und er deshalb irgendein verstärkendes Argument braucht, welches an die Gefühle der Zuhörer appelliert, da er ja seine persönliche Ehre (seinen Schwur) in´s Spiel bringt. Ein Paradebeispiel dafür, die Ehre als Argument einzusetzen ist übrigens das später als Lüge enttarnte „persönliche Ehrenwort" des verstorbenen Politikers Uwe Barschel.

Weggucken und Starren

Eine der einfachsten Methoden, einen Lügner zu entlarven besteht darin, seine Augen zu beobachten. Verdächtig ist dabei nicht nur das Vermeiden des Augenkontakts von Seiten des Lügners, sondern auch sein allzu starres Fixieren, während er die Lüge erzählt. Denn insbesondere geübte Lügner wissen nur zu gut, dass es verdächtig ist, wenn sie den Blick abwenden und versuchen daher, besonders intensiv in die Augen des Gegenübers zu starren. Aus genau diesen Gründen würden Pokerspieler und schuldige Angeklagte vor Gericht am Liebsten Sonnenbrillen tragen - und genau aus diesen Gründen ist ihnen dies auch verboten. Als der ehemalige Ministerpräsident Uwe Barschel 1987 die Öffentlichkeit mit den Worten „Ich gebe Ihnen mein Ehrenwort, dass die gegen mich erhobenen Vorwürfe haltlos sind" anlog, vermied er den Augenkontakt zur Kamera, stattdessen wanderte sein Blick von links unten nach rechts oben. Selbst ausgekochte Politprofis sind also nicht in der Lage, ihre Körpersprache während einer Lüge zu kontrollieren.

Wiederholungen

Nach dem Motto „Frechheit siegt" wiederholen viele Lügner ihre Aussagen wortwörtlich. Dies deutet darauf hin, dass sie sich die Wörter vorher sorgfältig zurechtgelegt haben und nun keinen Millimeter davon abweichen wollen, um eventuelle Ungereimtheiten zu vermeiden. Auch wiederholen sie gerne die an sie gestellte Frage möglichst langsam, oder beantworten sie mit einer Gegenfrage um damit Zeit zu gewinnen. Diese benötigen sie, um sich eine angemessene Antwort zu überlegen. Auch wollen sie damit möglichst viele Informationen sammeln, um sie bei ihrer Entgegnung zu berücksichtigen. Dazu ein Beispiel:

Ehefrau: „Hast Du mich gestern auf der Party mit einer Kollegin betrogen?"

Ehemann: „Habe ich Dich gestern auf der Party mit einer Kollegin betrogen? Warum sollte ich das tun?"

Mit dieser Antwort will der Ehemann vielleicht nur rausbekommen, was die Ehefrau weiß. Vielleicht hat sie ihn ja in flagranti erwischt, ohne dass ihm dies aufgefallen wäre und will nun wissen, ob er wenigstens ehrlich ist? Oder hat sie nur einen vagen Verdacht aufgrund einer unbedachten Bemerkung oder verdächtiger Anzeichen. Je nachdem, wie die Antwort der Ehefrau auf diese Frage ausfällt, wäre es für den Ehemann entweder klüger, die Tat einzugestehen oder aber diese empört zu leugnen. Wer also bei solchen Fragen Zeit schinden will, sie wortwörtlich wiederholt, oder gar mit Gegenfragen kontert, macht sich verdächtig.

Sich dumm stellen

Eine bewährte Taktik gewiefter Lügner ist das „Dumm stellen".

Sie: „Hast Du vorhin beim Einkaufen auch an die Milch gedacht?"

Er: „Milch? Welche Milch?"

Sie: „Wir brauchen doch Milch."

Er: „Wofür denn?"

Sie: „Für Deinen Kaffee zum Beispiel."

Er: „Ach so, DIE Milch meinst Du. Natürlich hab ich daran gedacht."

Also wäre ich diese Frau, dann würde ich jetzt sofort aufspringen und zur Kontrolle mal einen Blick in den Kühlschrank werfen.

Überkomplizierte Ausreden

Die besten Lügen sind zwar die einfachsten, aber insbesondere ungeübte Lügner glauben, dass eine Geschichte umso glaubwürdiger erscheint, je komplizierter sie ist. Wenn der Ehemann zum Beispiel zu spät von der Arbeit kommt, weil er noch ein Schäferstündchen eingelegt hatte, wird er in aller Regel eine haarsträubende Geschichte von Arbeitsüberlastung, Überstunden, despotischen Vorgesetzten und unaufschiebbaren Terminen erzählen. Dies macht ihn verdächtig und je länger seine Story, desto verdächtiger macht er sich. Ein abgebrühter Lügner würde dagegen nur sagen „Mir ist unterwegs das Benzin ausgegangen“ Denn genau so sind die allermeisten Geschehnisse im wahren Leben: simpel und unkompliziert.

Falsche Schwerpunkte

Viele Lügner legen seltsame Schwerpunkte bei ihren Erzählungen. Von banalen Randereignissen, die wenig bis gar nichts mit der eigentlichen Sache zu tun haben, schwadronieren sie in epischer Breite, auf das zentrale Geschehnis selbst gehen sie dagegen kaum ein. Solche Ausflüchte beginnen dann in etwa so:

Sie: „Warum hast Du mich gestern versetzt?“

Er: „Sorry, Asche auf mein Haupt. Auf dem Weg zu Dir habe ich einen unglaublichen Cadillac gesehen, in dem glatt Elvis Presley hätte Platz nehmen können. Das Fahrzeug war übrigens schwarz-metallic, hatte einen Frontspoiler und der Motor klang..."

Dies ist ein kleiner Psychotrick, mit dem das wesentliche Geschehnis bagatellisiert wird. Das Warten selbst ist zwar bedauerlich, schrumpft aber in seiner Bedeutung gegen Null, wenn man den wahren Grund dafür erfährt. Das Perfide daran ist, dass diese Argumentation meistens bei wirklich bedeutsamen und nachvollziehbaren Situationen zum Einsatz kommt, und diese dadurch in ihrer Bedeutung abgeschwächt werden:

Er: „Ich konnte gestern leider nicht kommen, weil meine Mutter einen schweren Unfall hatte".

Sie: „Schon gut, ich weiß Bescheid - und vorgestern war es der Cadillac."

So oder ähnlich dürfte dann vermutlich die Antwort lauten.

Die Chronologie

Wenn Sie frank und frei eine Geschichte erzählen, dann geschieht dies in den seltensten Fällen in chronologischer Form. Die meisten Leute springen in der Zeit, während sie eine wahre Story erzählen. Sie beginnen am Ende der Geschichte, springen dann unvermittelt an den Anfang, um irgendwann in der Mitte zu landen und das Ende zu wiederholen. Dies liegt einfach daran, dass der Erzähler meistens mit den Aspekten beginnt, die ihn bei der Sache am meisten erregt haben. Wer etwa einen Unfall hatte, beginnt seine Geschichte nicht mit

> *„Heute Morgen habe ich den Wagen aus der Garage geholt und bin dann die Hauptstraße entlanggefahren...“*

Stattdessen wird ein Beteiligter eines Verkehrsunfalls seine Geschichte mit den Worten beginnen:

> *„Ich hatte einen Unfall, dabei hab ich mir den Kopf angeschlagen und die Stoßstange hat sich auch verabschiedet.“*

Erst danach wird er zeitlich zurückgreifen und erzählen, wie es überhaupt zu dem besagten Unfall kommen konnte. Lügner dagegen legen sich ihre Geschichte vorher sorgfältig zurecht und erzählen sie dann, um nichts durcheinander zu bringen, streng chronologisch. Wer die Wahrheit sagt, redet dagegen einfach drauflos und schert sich wenig um chronologische Abläufe.

Beschönigung und Schuldumkehr

Verdächtig macht sich, wer einen konkreten Vorhalt abschwächt, bevor er ihn ausweichend beantwortet.

Sie: „Hast Du meinen Computer geschrottet?"

Er: „Ich musste unbedingt notwendige Updates auf Deinem Computer installieren."

Er hat also zwar den Computer kaputt gemacht, verkauft dies aber als zu vernachlässigende Lappalie seiner uneigennützigen Tat. Er wollte nur ihren Computer auf Vordermann bringen, da er nett und sie nicht dazu in der Lage ist. Daher erscheint für ihn zunächst mal das abfällige Wort „geschrottet" absolut unangebracht. „Installieren" klingt da schon weitaus besser. Außerdem sollte sie ihm zunächst mal grundsätzlich für sein selbstloses Engagement dankbar sein. Aus seiner Sicht ist sie eigentlich selber schuld, weil sie die Computer-Wartung ihm überlässt. Und da noch zu nörgeln, nur weil der PC nicht mehr startet, erscheint undankbar und kleinlich. Dies zumindest will er ihr mit seinen Worten verklausuliert sagen.

Einbunkern und Abschotten

Ein Lügner tendiert im direkten Zwiegespräch dazu, sich einzubunkern. Und dies nicht nur seelisch sondern auch materiell. Dies bedeutet, dass er versucht, symbolische Mauern zu ziehen. Er setzt sich zum Beispiel etwas weiter weg als üblich, bevorzugt die entferntere Tischseite, verschränkt die Arme und kreuzt die Beine und häuft vielleicht unbewusst Gegenstände zwischen sich und dem Gesprächspartner an. Seien es Kissen, Bücher oder auch Geschirr, welches zufällig herumsteht. Damit will sich der Lügner instinktiv unsichtbar oder zumindest physisch weniger angreifbar machen.

Ablenken und Zeit schinden

Dies ist wohl die simpelste und am häufigsten angewandte Methode des Lügens. Streng genommen handelt es sich bei Ablenkungsmanövern zwar nicht um Lügen, aber vor Gericht ist das Verschweigen eines Teils der Wahrheit ebenso strafbar wie eine Lüge. Im privaten Bereich sind derartige Ablenkungsmanöver besonders perfide. Dem misstrauisch

Fragenden fällt es ja selber nicht leicht, diese unangenehme Diskussion zu beginnen. Wenn er nun abgelenkt wird, muss er das Thema erneut vorbringen. Dies ist unangenehm und vielleicht fehlt dann auch die Zeit dafür. Außerdem werden viele Missetäter, die vom eigentlichen Thema ablenken wollen, besonders erfindungs- und wortreich. Dem Gegenüber fällt es da oftmals schwer, den Bogen zurück zum eigentlichen Thema zu finden – oder überhaupt zu Wort zu kommen. Kurz gesagt, Ablenkungsmanöver sind eine besonders perfide Methode, die Unwahrheit zu sagen, denn sie verschlingen wertvolle Zeit und schieben das Problem letztlich nur vor sich her, statt es zu lösen. Aber der Lügner hofft halt darauf, dass irgendwann schon Gras über diese Sache wachsen wird.

Körpersprache

Professionelles Lügen ist keine angeborene, menschliche Fähigkeit, sie muss erlernt werden. Diesen Umstand können Sie sich als „Wahrheitsforscher" zunutze machen. Was wir hören, ist stets nur ein Teil der Botschaft, die uns übermittelt wird. Denn der menschliche Körper kommuniziert ebenfalls. Dies geschieht größtenteils unbewusst, nur sehr geübte Lügner sind in der Lage, all ihre Körperfunktionen bewusst zu kontrollieren während sie lügen. So messen Lügendetektoren stets nur Körpersignale wie etwa Puls, Atmung oder Blutdruck. In Fachkreisen werden sie daher auch als Biosignalgeräte bezeichnet. Ihr Einsatz ist umstritten, da sich sehr geübte Lügner, oder auch Personen, die von der Wahrheit ihrer Aussage überzeugt sind, nicht mit einem Lügendetektor entlarven lassen. Aber viele der verräterischen, körperlichen Signale eines Lügners lassen sich auch mit bloßem Auge erkennen. Der gestiegene Blutdruck führt etwa zu einer erhöhten Blutversorgung von Ohren und Nase. So kommt es auch zu den bestens bekannten roten und juckenden Ohren, Nasen oder Wangen. Also kratzen sich Lügner oftmals unbewusst. Viele Menschen wischen auch, während sie lügen, mit den Händen über den Tisch, dies ist eine Art symbolisches Reinwaschen von der Sünde des Lügens. Während der US-amerikanische Golfspieler Tiger Woods beispielsweise im TV seine zahlreichen Sex-Affären leugnete, wischte er ständig mit den Händen über sein Jackett. Gleiches geschah auch bei Bill Clinton, als er wegen der Lewinsky-Affäre befragt wurde. Damit wollten beide quasi die Lügen von sich abwaschen, während sie sie erzählten. Politiker halten sich übrigens, während sie reden, oftmals an irgendetwas fest, etwa ihrem Rednerpult, ihrem Manuskript oder auch nur einem Kugelschreiber. Dies dient einzig und alleine der Vermeidung verräterischer Gesten. Achten Sie mal darauf.

Der Nacken

Der Nacken ist vielleicht der verletzlichste Teil des menschlichen Körpers. Eine Verletzung kann hier in kürzester Zeit zum Tod führen. Dies wissen wir instinktiv und versuchen daher in Gefahrensituationen vollkommen unbewusst, ihn zu schützen. Dies geschieht etwa durch instinktives Abwenden oder Bedecken des Nackens mit den Händen. Dadurch fühlen wir uns sicher und geschützt. Die durch das Lügen erzeugte Nervosität wird auf diese Weise abgemildert. Wenn wir also bemerken, dass sich unser Gesprächspartner ständig am Nacken kratzt, hat er entweder eine Hautkrankheit, oder er ist sich nicht ganz sicher, ob das was er erzählt auch der Wahrheit entspricht.

Das Verhör

Wenn Sie einen Lügner überführen wollen, müssen Sie ähnlich vorgehen wie die Polizei. Eine von der Kripo gerne eingesetzte Verhörmethode besteht darin, nicht nach dem chronologischen Tatablauf zu fragen, sondern sich Sachverhalte rückwärts erzählen zu lassen und dabei unvermittelt überraschende Fragen einzustreuen. Etwa: was haben Sie gegessen, welche Hose hatten Sie an, oder wo stand Ihr Auto? Dabei überhäuft man den Verdächtigen mit möglichst vielen Informationen, die er sich alle merken muss. Wenn der Interviewer später erneut danach fragt, wird sich der Verdächtige mit ziemlicher Sicherheit an der einen oder anderen Stelle widersprechen – und schon ist er entlarvt.

9

Kurz und knapp: ein ganzes Buch in sechs Sätzen

Nachdem Sie nun dieses Buch gelesen haben, wissen Sie, dass in jedem von uns das Potenzial steckt, ein guter Menschenkenner zu werden. Es liegt ganz alleine an Ihnen, diese Gabe zu aktivieren. Machen Sie dazu einfach Gebrauch von Ihrer Beobachtungsgabe und ziehen Sie die richtigen Schlussfolgerungen daraus. Sie werden feststellen, dass es Ihnen in Zukunft weitaus leichter fallen wird, neue Menschen kennenzulernen, bereits bestehende Beziehungen zu vertiefen und ein deutlich positiveres Verhältnis zu Ihren Mitmenschen zu entwickeln. Dabei wünsche ich Ihnen viel Erfolg und denken Sie bei all Ihren künftigen Gesprächen stets an eines:

Der allerwichtigste Mensch ist stets der, mit dem Sie gerade reden.

Bradley Parker

Leseprobe

1

Einleitung

Haben Sie jemals einen charismatischen Menschen getroffen? Haben Sie bemerkt, wie viel Energie und Leben in ihnen steckt? Diese Menschen scheinen einen Glanz in den Augen zu haben, der Wärme und Freundlichkeit ausstrahlt. Es scheint, als liege ihnen die Welt zu Füßen und als seien sie von Menschen umgeben, die sie lieben und bewundern. Charismatiker haben die Fähigkeit, jedes Ziel zu erreichen, das sie sich gesteckt haben.

Wenn es also eine Charaktereigenschaft gibt, die Ihr Leben positiv verändern und die Ihnen zu mehr Erfolg verhelfen kann, dann ist es Charisma. Charisma erlaubt es Menschen, eine harmonische Verbindung mit anderen einzugehen und von diesen gemocht und bewundert zu werden. Es öffnet Türen, die anderen verschlossen bleiben. Wenn zwei Menschen mit denselben Fähigkeiten sich um einen Job bewerben, ist es mit Sicherheit der Charismatiker, der den Zuschlag erhält.

Bevor man aber zu einem solchen Charismatiker werden kann, muss man zunächst einmal verstehen, was Charisma eigentlich ist. Für gewöhnlich tun sich Menschen schwer mit der eigentlichen Bedeutung des Wortes Charisma, vor allem in Verbindung mit Sozialwissenschaft und Kommunikation. Dabei ist es eigentlich recht einfach. Wenn ein Mensch über herausragende interpersonelle und kommunikative Fähigkeiten verfügt, dann besitzt er Charisma. Diese Fähigkeiten kann man auf ein paar Untergruppen herunterbrechen und sie können entwickelt und erlernt werden. Das bedeutet also, dass jeder Mensch in der Lage ist, Charisma auszubilden.

Sie haben vermutlich in Ihrem Leben mit Menschen zu tun gehabt, denen von allen Seiten Aufmerksam zuteilwird und die am Ende einen Eindruck hinterlassen, den man einfach nicht vergessen kann. Dabei spielt es keine Rolle, wie viel Geld jemand hat oder wie er oder sie aussieht. Diese Menschen betreten einen Raum und ziehen sofort alle Aufmerksamkeit auf sich und wenn sie den Raum verlassen, wird jeder der Anwesenden versuchen, diesem Menschen nachzueifern. Bei all dem handelt es sich um Charisma, was bedeutet, dass es sich um eine Art Magnetismus handelt, der sowohl zu Bewunderung als auch zu Vertrauen führt.

Es gibt viele Meinungen darüber, wie man Charisma erreichen kann. Einige glauben, dass ein Mensch mit Charisma geboren wird. Andere hingegen sind davon überzeugt, dass jeder mit ein wenig Anstrengung ein Charismatiker werden kann. Ich glaube, dass beide Seiten Recht haben. Zweifellos gibt es Menschen, die mit einem großen Satz an charismatischen Fähigkeiten und entsprechendem Verhalten geboren werden. Andere hingegen hatten nicht so viel Glück, können es aber lernen und am Ende sogar charismatischer sein als der, der so geboren wurde. Es ist alles eine Frage des Wissens um das Wie und Was.

Um eine charismatische Person zu werden, muss man seine Aufmerksamkeit darauf richten, wie man sich vor anderen präsentiert, wie man spricht und wie man sich verhält. Man muss wissen, wie man den bestmöglichen Eindruck hinterlässt. Die Fähigkeiten, die Sie mit Hilfe dieses Buchs lernen werden, werden Ihnen dabei helfen, einen durchweg guten Eindruck zu hinterlassen und dafür sorgen, dass Sie der charismatische Typ im Raum sind.

Dieses Buch wird Sie in jemanden verwandeln, der Charisma mit der Suppenkelle gegessen hat. Wenn Sie die Regeln und Tipps anwenden, die Sie im Folgenden lesen werden, ist es so gut wie unmöglich, Ihr Charisma-Level nicht zu verdoppeln oder gar zu verdreifachen. Das sage ich nicht, um Ihnen dieses Buch schmackhaft zu machen, sondern weil ich davon überzeugt bin, dass diese Regeln funktionieren. Ich habe sie mir selbst zu Herzen genommen und fahre damit deutlich besser, als je zuvor.

2

Die Komponenten von Charisma

Macht

Die Macht, über die Sie verfügen, hat nichts mit Ihrem Job, Ihren finanziellen Möglichkeiten oder Ihrem sozialen Status zu tun. Sie setzt sich vielmehr aus Ihrer Körpersprache, Ihrer Stimme, Ihrer Ausdrucksweise und Ihrem Selbstvertrauen zusammen. Sie steht in direkter Verbindung dazu, wie Sie von Menschen wahrgenommen werden und was diese über Sie denken.

Charismatische Menschen sind nicht einfach jene, die über ein herzhaftes Lachen verfügen oder die mit einer dröhnenden Stimme sprechen. Es sind eher die Aufmerksamen, die nonverbale Zeichen wahrnehmen und ihre Stimmlautstärke an die jeweilige Situation anpassen. Wenn es darum geht, einem Menschen Aufmerksamkeit zu schenken, da ihm etwas Schlimmes widerfahren ist, muss man sich anders einstellen als wenn eher die Motivation eines anderen Menschen im Vordergrund steht.

Einer der erfolgreichsten Wege, um zu einem charismatischen Menschen zu werden, ist, sich in Konversationen zu engagieren und bis zum Ende dabei zu bleiben. Wer allerdings zu schnell etwas dazu beitragen will und vorschnell von einem Fehler erzählt, den er oder sie kürzlich begangen hat, trägt nur Negatives bei. Diese Dinge werden dafür sorgen, dass sich die Person oder das Publikum von einem abwendet.

Überzeugungskraft

Der persönliche Magnetismus eines Menschen gibt ihm die Möglichkeit, andere Menschen anzuziehen und sie dazu zu bringen, einem bestimmten Denkmuster zu folgen. Es ist essentiell, diese Fähigkeit als eine Komponente des Charisma zu erlernen und auszubilden.

Menschen mit einer überzeugenden Persönlichkeit sind Enthusiasten. Das kommt sowohl in Gesprächen als auch in dem, was sie tun, zum Tragen. Sie vermitteln das Gefühl, dass man ihnen trauen kann und dass sie in der Regel gut informiert sind. Während andere Menschen Fragen haben, bieten Charismatiker Antworten.

Anpassungsfähigkeit

Sie kennen vermutlich Menschen, die sich nur schwer an neue Situationen oder an Entscheidungen, die andere getroffen haben, anpassen können. Diese Leute tun nichts, was ihnen nicht gefällt. Vielmehr erwarten sie, dass ihr Umfeld sich ihnen und ihrer Art zu denken anpasst. Nun, bei diesen Menschen handelt es sich um alles, aber nicht um Charismatiker.

Charismatisch zu sein bedeutet, dass man sich ohne Probleme an fast alles anpassen kann, was das Leben bereithält. Diese Anpassungsfähigkeit ist wohl eine der wichtigsten Komponenten, wenn es zu Charisma kommt. Sie müssen in der Lage sein, sich an jede Situation anzupassen und die Menschen so zu behandeln, wie sie es gerne hätten. Das setzt voraus, dass Sie die Verschiedenheit und die Vielfältigkeit der Menschen nicht nur akzeptieren, sondern auch annehmen können und dass Sie kulturelle und individuelle Unterschiede verstehen.

Image

Der erste Eindruck ist der wichtigste, da man keine Chance zur Wiederholung oder zur Ausbesserung bekommt. Dieser erste Eindruck entsteht in den ersten Sekunden eines Treffens oder eines Gesprächs. Wenn Menschen erst einmal einen ersten Eindruck von uns gewonnen haben, ist es sehr schwer, diesen zu ändern.

Es gibt neue Studien, die belegt haben, dass Menschen weniger als eine Sekunde brauchen, um einen ersten Eindruck zu gewinnen. Wenn Sie sich also auf ein Treffen vorbereiten, achten Sie darauf, wie Sie wirken wollen. Stellen Sie sicher, dass Sie mit Ihrem Aussehen Ihre Ziele und was Sie erreichen wollen unterstützen.

Visionen

Charismatische Menschen sind in der Regel sehr enthusiastisch im Hinblick auf die Botschaft, die sie vermitteln wollen oder auf den Plan, den sie haben und sind in der Lage, diesen Enthusiasmus mit anderen Menschen zu teilen. Um ein Charismatiker zu werden, müssen Sie daran arbeiten, mit Ihrem Engagement und ihren Überzeugungen auf andere Menschen zuzugehen. Charisma ist die Art und Weise, auf die Sie mit anderen sprechen.

Zwischenmenschliche Fähigkeiten

Charismatische Menschen sind gute Zuhörer und gute Kommunikationspartner. Bei dieser Kommunikation geht es aber nicht nur ums Sprechen. Charismatiker beherrschen Raum und Zeit, was bedeutet, dass sie nicht zu spät kommen und dass sie nicht viele Worte verlieren, um sich selbst zu beschreiben. Sie respektieren den persönlichen Raum eines jeden Einzelnen und bedrängen die Menschen nicht. Eine der Schlüsselfähigkeiten von Charismatikern ist ihre Wärme, die vor allem in der Kommunikation mit anderen zum Vorschein kommt. Menschen werden in Ihrem Tonfall und in Ihren Augen nach dieser Wärme suchen.

3

Die 10 Geheimnisse von Charismatikern

Es gibt verschiedene Eigenschaften, die zumindest die meisten Charismatiker auf sich vereinen. Ich möchte hier einmal die 10 Geheimnisse näher beleuchten, die aus einem normalen Menschen einen Charismatiker machen.

1. Charismatiker sind gute Zuhörer

Viele Menschen haben keine Ahnung davon, wie wertvoll das Zuhören ist. Es geht nicht nur darum, Menschen das Gefühl zu geben, dass sie wichtig sind, sondern vor allem darum, ihnen genau zuzuhören und zu verstehen, was sie sagen. Wenn Sie ...

Jasmin Rosenberg:

Achtsamkeit für Anfänger

Mit Achtsamkeitstechniken gegen negative Gedanken, Angst und Sorgen

Wer ein achtsames Leben führt, lebt nachweislich nicht nur gesünder, sondern ist entspannter, zufriedener und weniger anfällig für Stress, Depressionen und Burnout!

Sebastian Keller:

Körpersprache lesen

Wie Sie die Körpersprache anderer Menschen durchschauen

Lernen Sie, wie Sie durch effektives Zuhören und effektives Fragen nicht nur ein Maximum an Informationen über Ihre Mitmenschen sammeln, sondern gleichzeitig zu einem angenehmen Gesprächspartner werden können, mit dem man sich gerne unterhält.

9438004R00064

Printed in Germany
by Amazon Distribution
GmbH, Leipzig